U0490904

THE ANNALS OF YART

亚特传说

CHRONICLES OF QUEEN
女王笔记

云飞 / 苏梨叶 / 张卓 编著

西泠印社 出版社

主　　编　　云　飞

编　　委　　苏梨叶

　　　　　　张　卓

　　　　　　付国丰

　　　　　　章铧文

　　　　　　赵梦黎

　　　　　　张　燕

　　　　　　陈　琼

封面装帧　　陈微微

美术编辑　　李笑冰

专　　家　　刘文豹（中央美术学院建筑学院教授）

　　　　　　高湜良（资深服装设计师）

目录

源起 四海王典

第一章 帝国的心脏——王宫、御前会议和其他

- 014 卡诺萨大王宫
- 021 御前会议和帝国议会
- 026 卡诺萨概览
- 030 内城——王亲国戚

第二章 外城很忙——北贵南富东寒西暖

- 038 北贵——中小贵族
- 041 纳邦德尔研修院
- 044 法师塔
- 051 圣欧斯商会
- 056 角斗场
- 062 东寒——军营
- 066 西暖——八学院
- 071 南富——商人居住区

第三章 真正的卡诺萨——市民生活

- 076 民居
- 077 卡诺萨人家
- 079 市民职业之手工业
- 080 城市商业
- 082 教育
- 085 文化
- 089 节庆
- 094 城市饮食
- 103 医疗
- 105 婚丧
- 106 公共设施
- 107 治安
- 109 卡诺萨的外来者——精灵、矮人、地精

第四章 乌别夫卡有什么错？——城市集团会议

- 116 沿革
- 117 推选市长
- 119 月度报告
- 119 卡诺萨市长

第五章 王国农村的代表——风车镇

- 122 风车与磨坊
- 124 农民的身份
- 125 王国对农业的重视
- 140 四大节日
- 148 乡村饮食
- 149 乡村射手
- 150 火热的乡村

第六章 一个典型的王国行省——博兹弗省

- 164 王国的行省
- 166 博兹弗省
- 174 行省和城市
- 176 行省和农村
- 177 行省驻军
- 178 行省省府

第七章 描绘彩虹的国王之手——四大家族之科洛诺斯家族

- 180 家族起点
- 181 自治领地
- 181 领地
- 191 圣光法师塔
- 191 沉睡之林
- 192 圣歌神殿
- 193 家族英雄人物
- 199 继承制度
- 200 家族结构
- 201 家族现状
- 205 家族产业
- 205 核心利益
- 206 追随者
- 206 家族徽章、口号

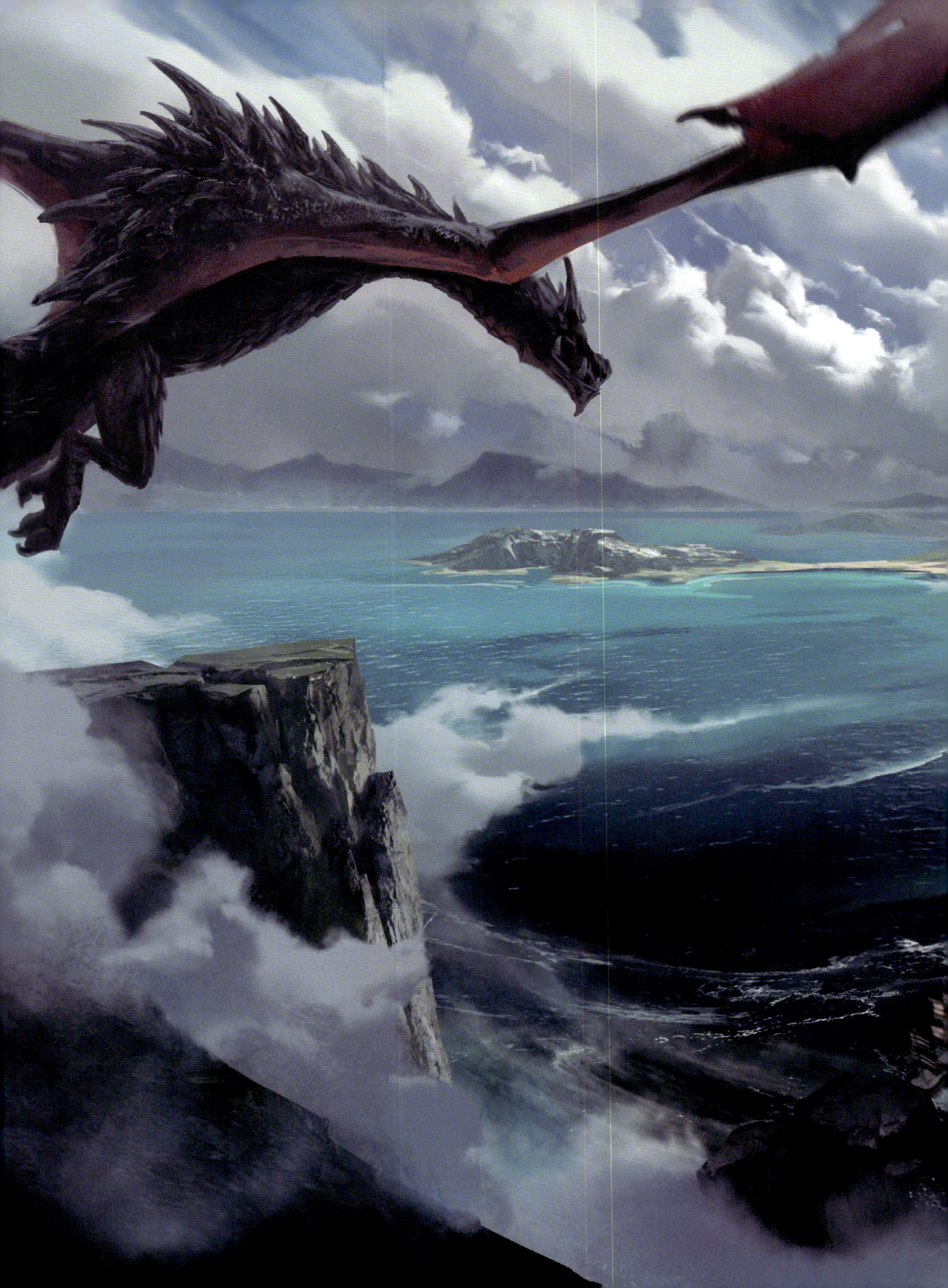

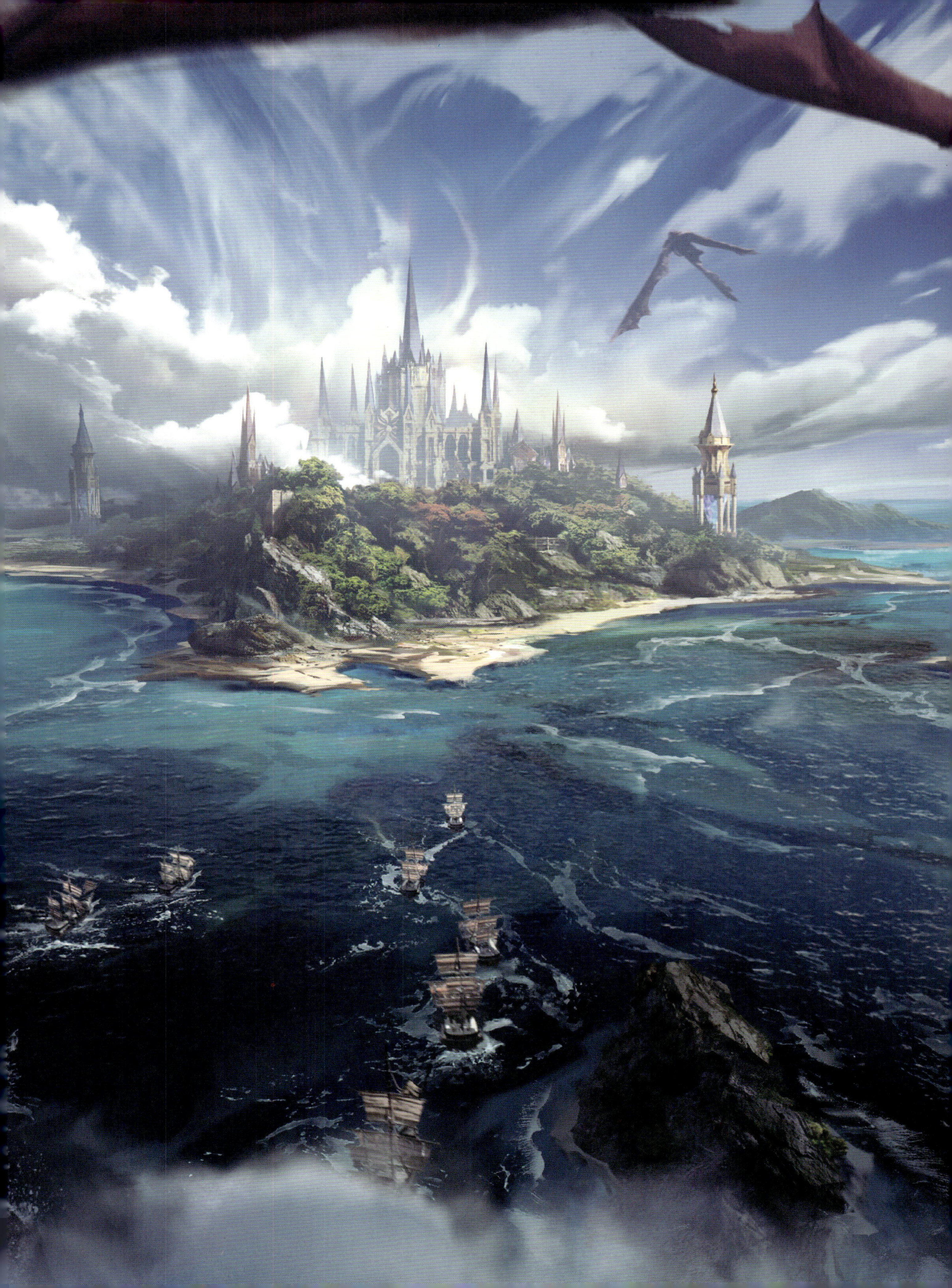

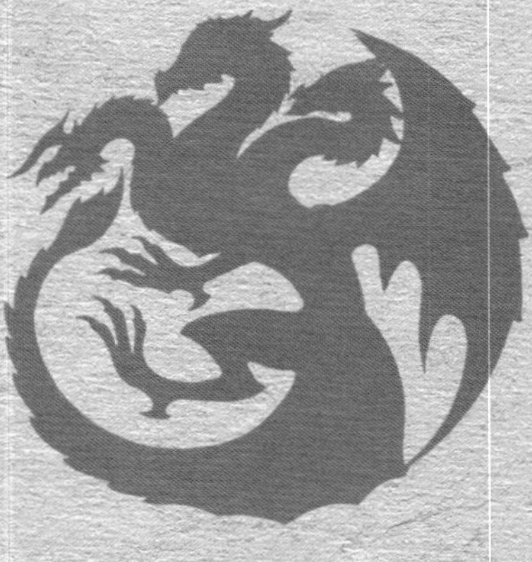

PROLOGUE

源起
四海王典

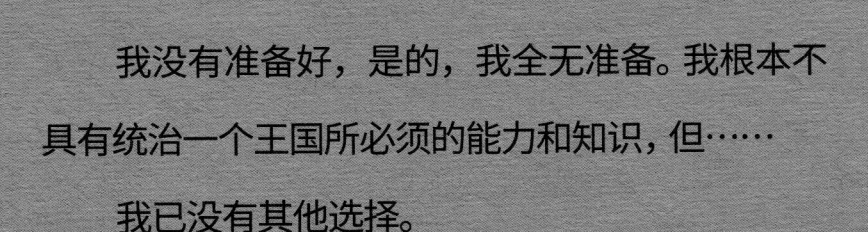

我没有准备好,是的,我全无准备。我根本不具有统治一个王国所必须的能力和知识,但……

我已没有其他选择。

意外的今日

☀

旧历春月廿日 雨后乍晴

我不得不从今天开始写下这本手记。我没想到这一天来得如此突然。

从我手捧金杖、踮着脚尖坐上王椅的那天至今，已经过去了五年。漫长的五年中每一天我都更加清楚地发觉，我根本不知道如何做亚特的王。

我没有做好准备，从未准备好。

上星期我度过了15岁的生日。我的父王15岁时，作为王储完成了三大修业并得到两个公国归附，在王城升起了白龙旗。而15岁的我，只不过是一个身穿绣金礼服纱裙的孤儿而已。

我一言不发地上殿临朝，孤身一人地回宫读书。宫墙之内几乎连四季更替也不存在，真正在我心中留下印记的，只有赛西迪斯准男爵的音乐课上教过的每一首诗歌。我靠它们记住我的岁月。

那天的生日宴上，我一边回敬群臣的祝酒，一边想：我竟已这样虚度这十五年的三分之一。那时的我，还完全不曾料到即将发生的一切。

生日宴后的第三天，索文首相病倒了。自我践祚以来，索文·纳邦德尔全权摄政，未曾休假过一日。而事情果然如我所猜想的一样——我的王国就像一个雪狼冰原进贡来的那种陀螺，旋转不停，一旦停下，就会难看地跌倒。当首相缠绵病榻到了第五天，七大臣派了信使进宫来，以国务积压、情势紧急为由，奏请召开御前会议。

在大臣们眼中我只是个幼稚的少女，但这并不妨碍我知道一些事情。我心里明白，他们开会的真实目的，是夺取首相的执政权。

这个会议今天上午以我的名义召开了，地点在国王书房。御前七大臣正式提出罢相，并建议由七人组成的评议会来接管政务。一切不出所料。

那一刻，我望向了书房的窗外，外面雨过初晴，金子一样的阳光照进立窗，照在我的眼睛上。书房里就这样安静了整整一分钟，我知道，这个房间里的大人们正在耐心地等待我的授权，他们志在必得。

我做了一个决定，就像乍晴的阳光一样不可思议。我告诉他们，我同意罢相。而我，女王赫丽一世，将开启《四海王典》，就此亲政。

索文是我母后临终之际御封的摄政人，执行着父王和母后的遗志。但他一向是七大臣的眼中钉，他们之间分歧很大。我虽不肖，却至少不能坐视父母的王业瓦解如尘。

我没有准备好，是的，我全无准备。我根本不具有统治一个王国所必需的能力和知识，但……

我已没有其他选择。

在长时间的沉默后，七大臣向我躬身行礼，口称遵旨。然后我们一起走出书房，到大朝会上将这一重大消息公布于众。今日出席大朝会的贵族臣工不下百人，我鼓起勇气一一扫视了他们。我看得出，他们全都对我毫无信心。

我甚至看见在朝会门首执勤的王家侍卫长库麦尔，将他那冰霜一样的浅蓝眼睛向着我转过来。不过才20岁的他，却是蒙受我母后亲封的白银骑士，没有贵族头衔却超越勋爵之上的荣誉者。他那倨傲的一眼，就好似冰做的刀一样划过我的皮肤。

我当然知道我的决定将造成人心动荡。

但我没有其他选择。

此刻的我强忍酸楚写着这些字，不让眼泪沾湿这本也许将会传于后世的手记，是我能做到的最起码的尊严。

父王，母后，你们故去得实在太早。

你们是那样好的君主，道德完美，备受爱戴。命运怎忍，令你们英年早逝，抛下臣民，抛下了我。

我能做的，唯有对你们最后的嘱托永志不忘，倾尽我的所有和所能。

明天繁星升起的时刻，我将开启《四海王典》。母后告诉过我，这意味着踏上了一条永不回头的道路。

也许此刻是我一生最后一个幽寂的傍晚了。

现在我要去找我在这世上唯一可以信赖的人，最可爱的诗寇蒂。与她说说心里话，弹一首风琴曲给她听。

王之宝典

旧历春月廿一日 多云

我想，如果没有诗寇蒂，我一定会因昨日的惶恐而失眠整夜，没出息地哭肿眼睛。可爱的诗寇蒂啊，她陪伴了我整个晚上，为我亲政的决定而鼓掌喝彩，最后拥抱着我一起入睡，就像我们两人小时候那样。她虽然小我4岁，却常常成为我力量的来源。

正因如此，今晨我才能郑重地洗沐，精神充沛而头脑清醒地坐在这里，记下我为王之路的第一篇章。我将正式继承亚特王族的秘宝《四海王典》。

在这座王宫里有一个秘密，即便是宫相和王国的四大贵族也不知道——宫殿四层北侧的宝物收藏室里有一扇暗门。它的位置不会出现在任何典籍中，只在历代君王之间口耳相传。千百年来，每当我的先祖们面临困境、失去勇气、需要指引时，这扇暗门就会被打开，漫长的甬道一路向下，深入王宫地下定基之所在。那里就是"典阁"——阿格里斯亲自撰写的《四海王典》存于其中。

这部凝结着"四海之王"意志、智慧和力量的传国之典，滋养了亚特王国的历代统治者，直到今天，它依然在王宫深处闪耀着光芒。

千年前的末世之战，在人类即将遭受灭顶之灾的时候，天降庇护山，英勇的阿格里斯带领部下北入极寒冰原，南进炽烈荒漠，挥斥八极，将令所有生灵恐惧的魔族彻底逐出亚特大陆，自此天下定鼎，海内威服，和平之光重新照临亚特大陆。

战争结束后，阿格里斯将自己踏遍亚特大陆的经历编纂成书。此书在王位继承人之间代代相传，成为每一位王者了解整个王国、治理整个大陆的法宝。

《四海王典》是一部答案之书，它囊括了亚特大陆的一切，大到如何团结最大的力量对抗魔族，小到一颗黄票种子的生长繁衍，它能为我们解答关于王国的所有问题。只要阅读它，后世的国王就能与阿格里斯的意志联结，获得"四海之王"的智慧与勇气，延续亚特王族的权威与力量。

据父王和母后对我的口传，深藏

地下的典阁是一个极其阔大的房间，有两个大会议厅那么宽，长度则无从算起。典阁之内空旷无物，走进它的大门，黑暗之中唯一能看见的东西，是一点细弱的荧光在半空闪烁——那是《四海王典》发出的蓝色圣光。王典的封面由阿格里斯猎获的魔物黑麟的额骨制成，传说黑麟极其凶猛，总是充当魔族首领的坐骑；封面正中镶有一枚矮人沼铁制作的箭镞，阿格里斯就是用它射杀了黑麟，千年以来始终闪烁光芒。

当拥有正统继承权的王者将掌心贴在箭镞之上，王典就会开启，亚特王国全部的秘密便将展露无遗。

自从决定亲政之后，我已经无数次想象过那个场景。然而在那之前，我先要面对另一项任务。

此时，卡诺萨的所有贵族家主已齐聚在帝国议会。我将前往那里，在他们面前取出阿格里斯之钥——唯一能够打开王宫典阁的钥匙。

坦白说——对我而言，这是一个凶险的挑战。愿先王之灵庇佑！

005

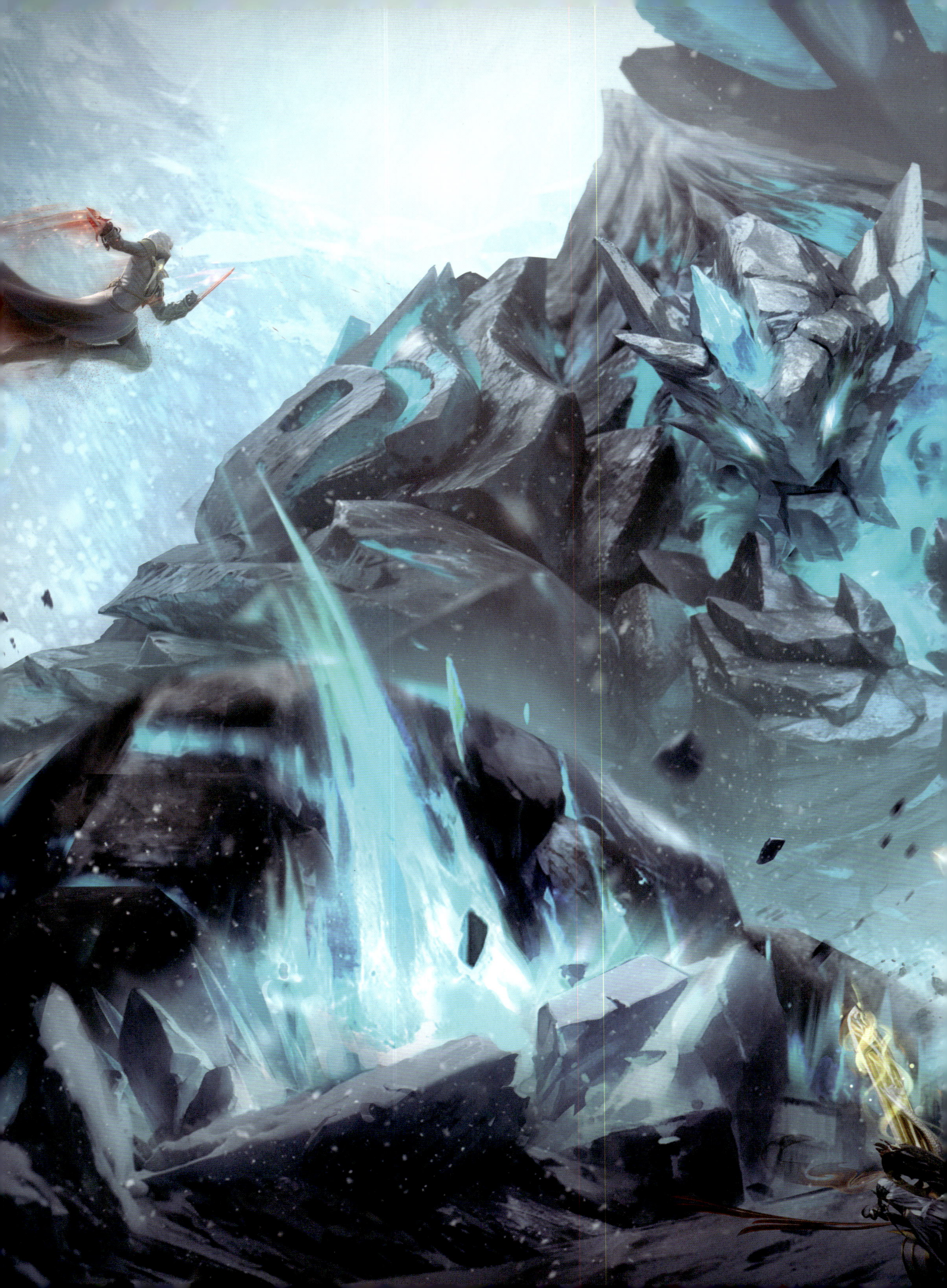

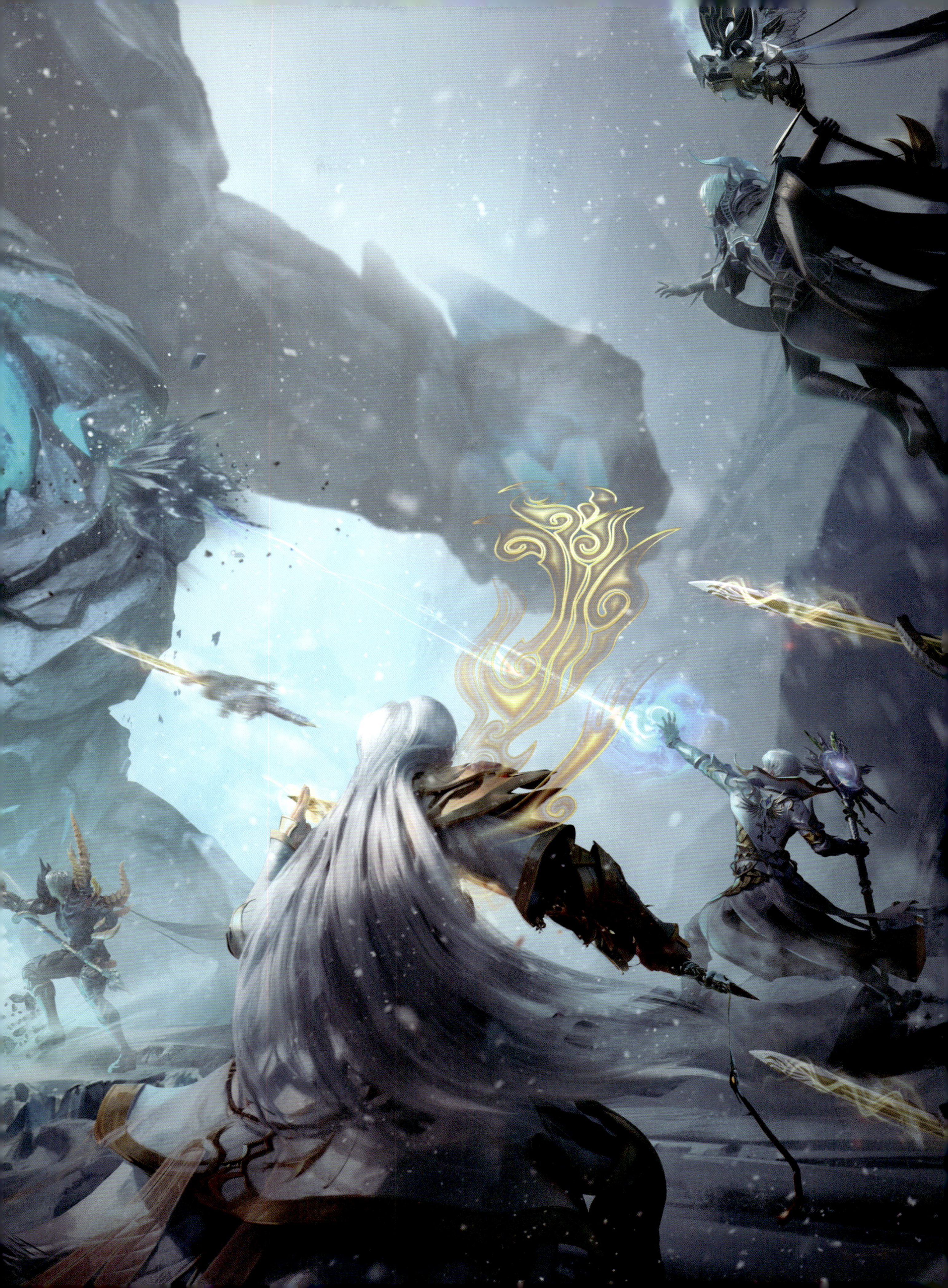

我的骑士

旧历春月廿一日 午后多云转晴

此刻我不知该用什么词句来形容我的心情！

千年前，阿格里斯先王亲手将《四海王典》存入典阁，并以他最忠诚的十二骑士之鲜血画印，将钥匙封入秘匣。从那之后，每一位后世国王取钥之时，都会以麾下骑士之血画印开匣。我的历史老师费里尔公爵讲过，这一传统已经成为我国骑士文化的一部分；每一代被国王选中参与开匣的骑士，都等于得到了莫大荣誉，意味着绝对忠诚。

然而此事对我来说却是个陷阱。背后的原因众所周知——在这个王国里，并不存在任何忠于我本人的力量。今天正午，当我将王族秘匣捧出，帝国议会上的所有人都在等着看，我会选择哪些骑士为我效劳。

我终究不敢选择任何人，从他们的眼睛中我看不到一丝热忱。

我担心不忠的血会被先王的秘匣拒绝，然后我也将永远失去亲政的权力。如果可以，我想用自己的血；如果可以，我想逃。

就在那一刻，我看到白银骑士库麦尔步出人群。他并没有说一句话，而是直接抽出了佩剑，划开他自己左掌的掌心，将鲜红的血滴进黄金碗中。"以我的剑与鲜血为誓，我的女王。"他说出这样的话。

是的，库麦尔当众归附于我。我这才恍然大悟，原来昨天我想错了！

是的，当我在大朝会上宣布亲政之时，库麦尔看我的眼神——那并不是他一向的倨傲与蔑视。那是他第一次对我另眼相看。

他明白了我的想法。我没有屈服于七大臣，为此不惜选择亲政，令他将我视为父王和母后真正的继承者。所以他向我效忠了。

整个帝国议会一片静默，而我没有耽搁一分钟。我用指尖沾着库麦尔的血在秘匣上画印，念出母后密传的咒语，顺利拿到了阿格里斯之钥，将它高高举起在众人面前。我激动得手抖，但我并不在意。

我，赫丽一世，拥有了自己的第一位骑士。我将永远不会怀疑他的忠诚。

白银骑士在我驾前单膝下跪，伸出双手，我看见他的唇边有一丝微笑。我向他递出了我的左手。

这是我生平第一次接受吻手礼，如同我父王和母后一样雍容。

也许我可以完成他们的遗志吧！

《四海王典》，我来了。

灾祸

旧历春月廿一日 暗夜

我完了，一切都完了！

这是一个怎样的夜！我想我该哭，但全身的血已冻住，眼泪也不能够流淌。

刚才我去了王宫地下的最深层，在繁星升起的时刻打开典阁的门。我的骑士库麦尔护卫着我，我让诗寇蒂也陪在身边，一切看起来万无一失——

可是进去之后我看到，散发着幽蓝光芒的《四海王典》——被损坏了！每一页上都是可怕的大洞，就像是被魔物的火炬烧了般残破，它完全被毁了！

我当场就吓得昏了过去，又在库麦尔的怀里醒来。他和诗寇蒂在典阁外面听到我发出的惨叫后冲了进来，可是我自己已什么都不记得了。我现在什么都无法思考。难道我是被诅咒的……

我不该亲政！也许我就不该成为什么王！

如果亚特王国仍有史书传于后世，那上面会写着：不为阿格里斯所祝福的赫丽一世，失国之君。

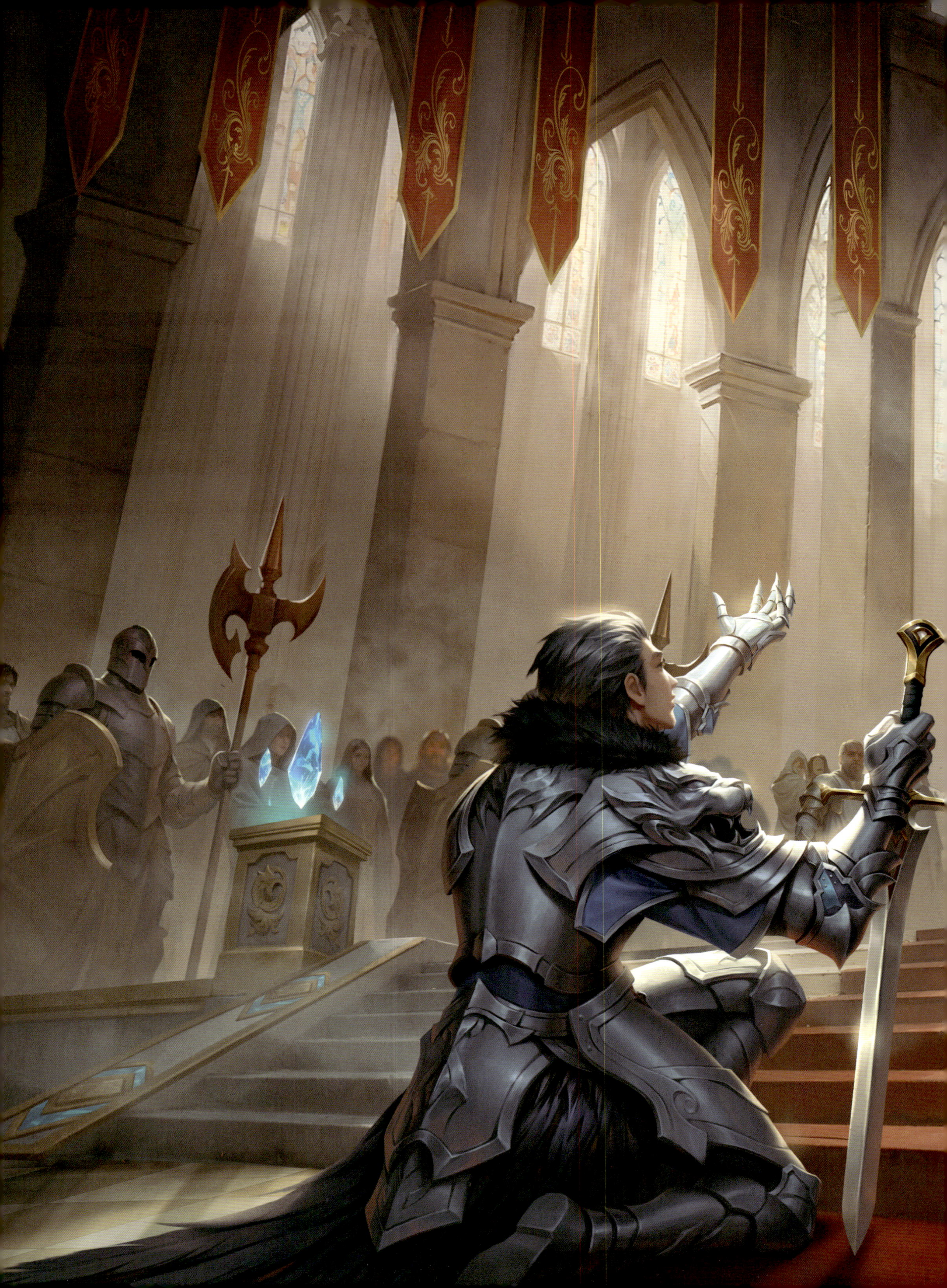

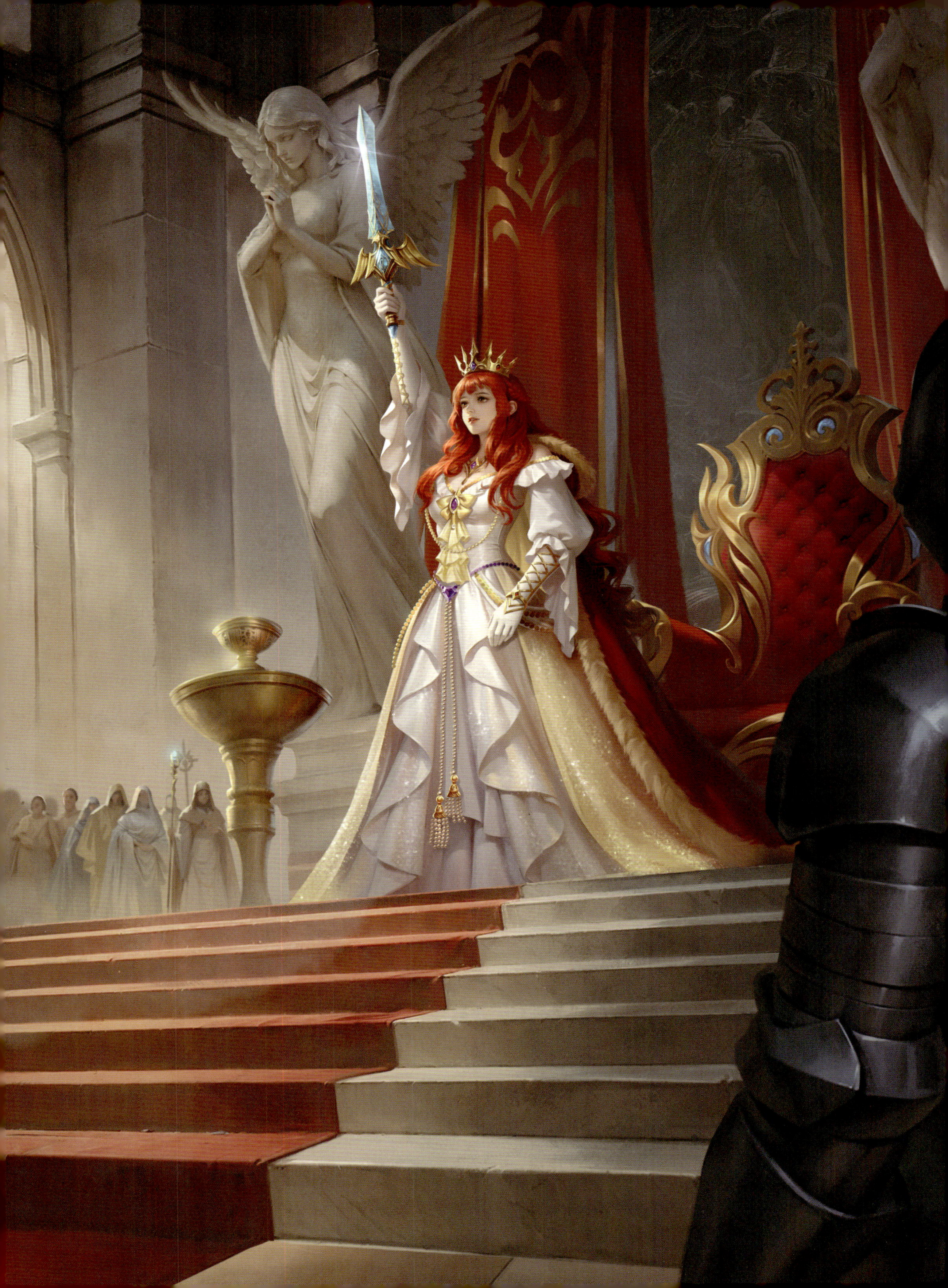

卡诺萨黎明

旧历春月廿四日 缥缈的晨曦

我原以为我不会再继续写这本手记，它已经在两日前的那个暗夜结束，就像我为王的生涯一样。我没想到，经过了48小时的绝望煎熬，命运在我的心里照进了一线光。

这线光是我亲爱的诗寇蒂，和我忠诚的库麦尔。

今天凌晨，诗寇蒂冲进了我的房间。我已经在这间寝宫里独自幽闭了两天两夜，下令不准任何人进入，我只希望我就此从这个世界上消失。诗寇蒂不惜违逆王命来见我，库麦尔帮助她驱散了守门的宫廷侍从，也一起进入寝宫，我听见他跪倒，银钢膝甲与大理石地面发出碰撞之声。他们二人都已将自身安危弃之不顾。

诗寇蒂对我说："我的陛下，我的姐姐。无论如何你都是女王，这是先王所授，也是亚特万民所寄望的。父亲和母亲的英灵还在看着我们。"

诗寇蒂又说："我的姐姐，我的陛下。你天生是如此的仁爱与善良，正义而散发着光芒。你是何等幸运和荣耀，拥有你在世间所扮演的角色。不像我……我诗寇蒂，注定是一个无依的灵魂。"

我流下了泪，拥抱诗寇蒂。我亲吻她的额头，想抚平她的悲伤。

诗寇蒂跪下吻着我的手。她说："即便王典损坏又如何。我此生都愿意为了你战斗而死。"

白银骑士听到了我们的对话，他将剑柄响，剑刃敲击在他的胸甲之上。

我沉默了一分钟。这一分钟又好似一个世纪那样漫长。然后我让诗寇蒂将寝宫的窗帘拉开。

熹微的天光漫射进这间昏暗的房间，我才知道已到了日出的时辰。从窗户望出去，高大的王宫城堡之外，是尽收眼底却又从来都看不尽的卡诺萨城。这座城市已迎来黎明。

我做了一个决定，就像晨曦般渺远难定。

我，赫丽一世，将效法先王阿格里斯，踏遍四海，亲手补完损毁的王典。

父王，母后，诗寇蒂，白银骑士，还有素未谋面的万千臣民。无论如何，我是你们的女王。

就这样，我又一次打开了这本王政手记。以后的每一天我都会在这里留下记录，这是命运给我的安排。

我在诗寇蒂和库麦尔的护卫下再入典阁，这一次我冷静地翻阅了那本发着光的残书。只有目录还保留完整——就好似阿格里斯留给我的试炼。

我想我可以做到。我给羽毛笔蘸饱了墨水，落笔之处，字符如晨星般闪烁。

就让我们从身处的王宫开始。

THE ROYAL PALACE

第一章
帝国的心脏
—— 王宫、御前会议和其他

国王是头和心脏，贵族是身躯和四肢。

卡诺萨大王宫

王宫是在卡诺萨建城时修建的。不过王宫北面的观景台却有着更悠久的历史。

早在第一创世纪的时候就有人在此建立了抵御海妖的卡诺萨堡，矮人和地精均声称城堡是由自己的种族建成。精灵则称其原本为诸神休憩议事的神殿，因此建筑高大恢宏，大厅可供巨人泰坦歇息，高处可供巨龙停歇。

第一创世纪晚期至第二创世纪早期，魔族入侵，卡诺萨堡覆灭，仅留下部分断壁残垣，观景台就是那个时代的遗迹。

第二创世纪晚期，四海之王阿格里斯抵达卡诺萨地区。亚特王国建立后，阿格里斯下令以卡诺萨堡遗址为中心修建卡诺萨城，遗址中一处高台被改建成王宫的观景台。

观景台很美，平时我最喜欢在上面吹海风，放松心情。

王宫在卡诺萨城北的高崖上，是卡城的制高点。

王宫在兴建初期比较注重军事功能，整体紧凑，宫门低窄，王宫主体以侧面对着宫门。随着大规模战争的可能性逐渐降低，王室对在军事城堡式的王宫中生活感到不便，诸如空间狭窄等。从500年前的国王泰林起，历代国王持续对王宫进行改造。宫墙外扩，宫门加宽加高，把原来的王宫侧面拓展改变成正面。大的改建工程持续了约200年，直到我父亲的时代，对个别厅室的改建仍在继续。

现在的王宫进入宫门之后是王家花园，花园中间是一条笔直的御道，通向王宫。王宫是一座四层高的长方形建筑，经过历代国王的大拆大建，王宫高大气派，主体高度20多米，首层层高8米。

王宫左右两侧是东配楼和西配楼，这两座楼高度略低于主体，也有四层。

王宫第一层有几个大厅，用来举办大型活动，包括：大议政厅、大宴会厅、大舞会厅、大音乐厅。

大议政厅是举行大朝会的场所，由宫相亲自管理；大宴会厅是举办宫廷高级别宴会的地方，国宴、功臣宴、节庆宴、王族成员重要纪念的宴请活动都在这里举办；大舞会厅别名"红厅"，举办王室贵族交谊舞会；大音乐厅举行大型音乐会、歌剧、舞剧和杂剧、马戏等表演。

大音乐厅是我最喜欢的地方，因为我是一个乐迷，会经常邀请知名乐师、乐队在此表演。

王宫第二层正中央是大会议厅，帝国议会在这里召开。同一层还有国王书房，即召开御前会议的场所；小宴会厅，举办小型宴请活动，来的宾客有时是帝国巨头贵胄，有时是王室密友；客房，供国王邀请的嘉宾小住；男女贵宾休息室；国王的会客厅等。国王经常会让贵族们在王宫留宿，虽然我不喜欢嘈杂，但对贵族来说，留宿王宫是非常有面子的事情，这种制度自古就流传下来，不曾更改。

王宫第三和第四层为王室成员的私人空间。第三层是国王、王后以及公主、王子们的起居室，还有仅供国王一家使用的小会客厅、书房、餐厅等。国王和王后的起居室至少有两间，一间面向大海，连接大观景台；一间面对卡诺萨，可俯瞰全城。

现在第三层只有我和诗寇蒂居住。自从我的父母将诗寇蒂收养为义女之后，整个王国都把她当作公主看待。我即位后搬进了国王寝宫，就让她搬进了我小时候住的公主寝殿。

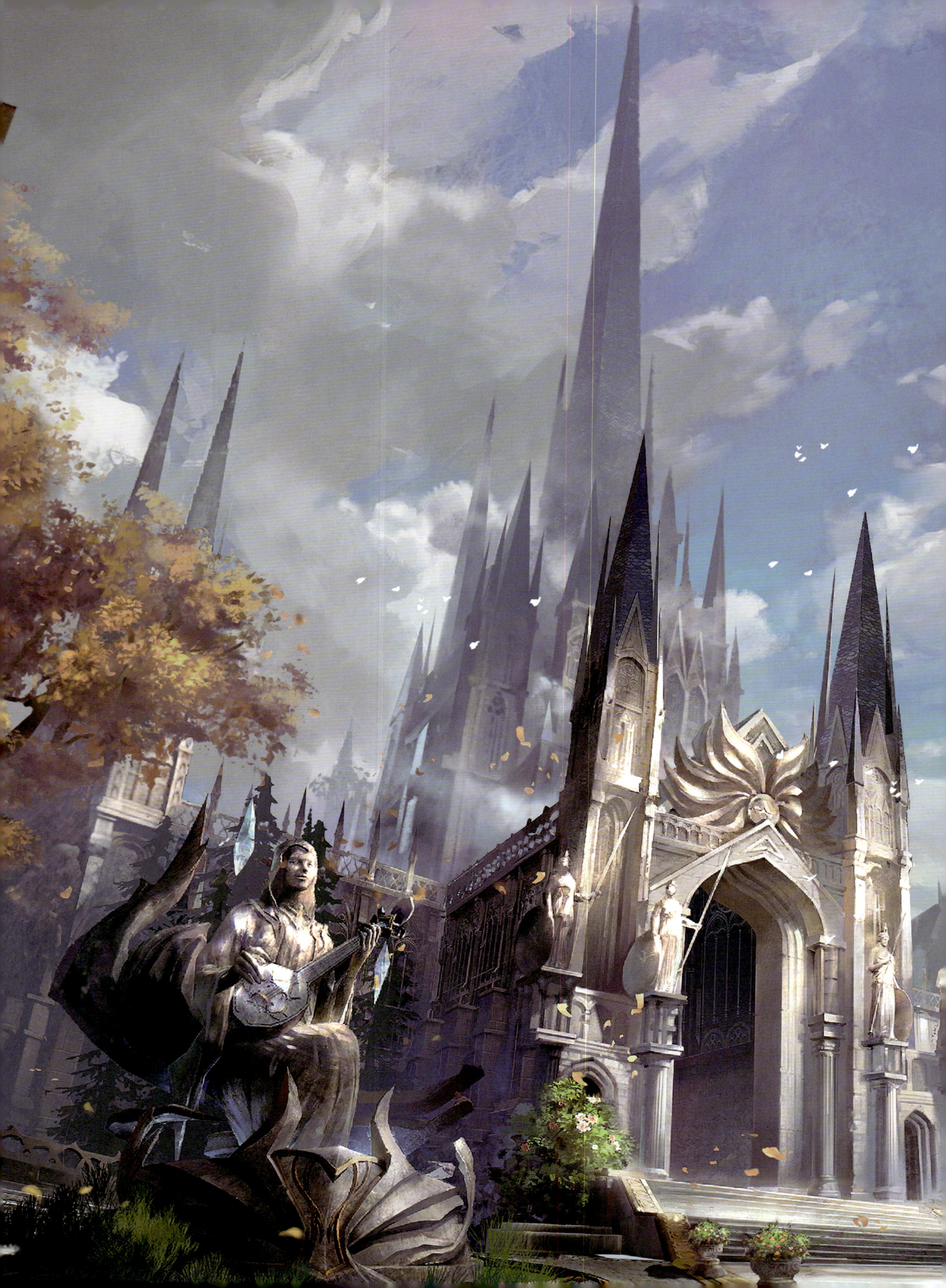

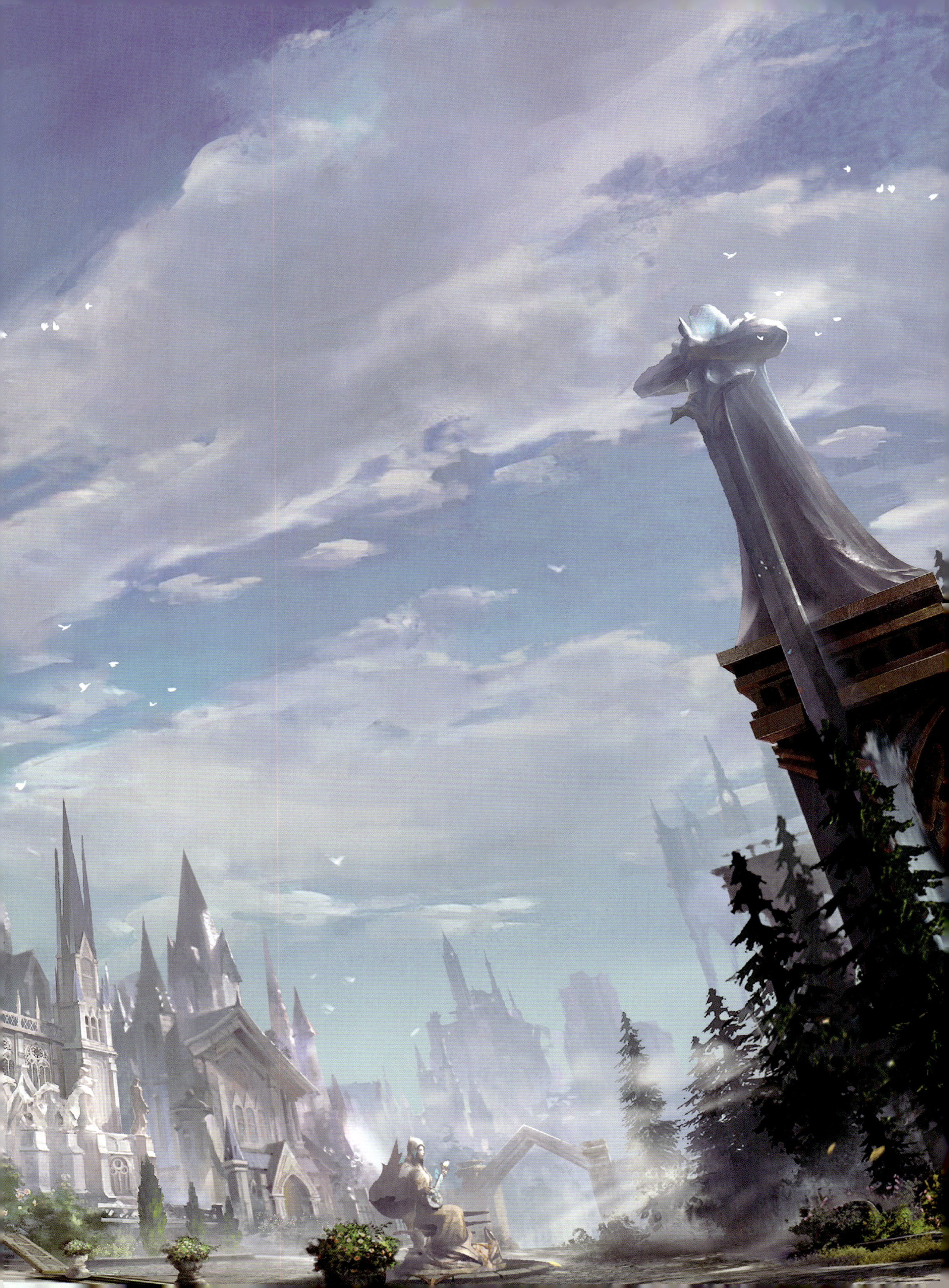

王宫的第四层是阁楼，里面设有国王的私人办公室、王家图书馆和珍宝馆。

王宫的第三和第四层有崔尔登大法师设置的结界，没获得国王的许可，任何人都会被结界挡在外面。

第三和第四层的许多房间都有暗道，通向其他房间或者王宫其他部分。有的则通向宫外。最长的一条暗道通向卡诺萨城外。

王宫西配楼供宫廷官员办公。宫相安东尼伯爵坐镇西配楼。在他的领导下，王宫大小事务有条不紊地运转，即使在战时也井然有序。

东配楼在主楼稍后一点位置，采用了王宫大改造期间拆掉的旧料。东配楼提供给值班的侍从们休息。这些侍从往往来自贵族家庭，有的甚至还有爵位。

东西两个配楼之间隔着主楼，多年前安东尼伯爵请崔尔登大法师打造了一套魔法传召系统。那是一块印有所有宫廷官员名字的木板，安东尼伯爵坐在自己的办公室里，他按下谁的名字，那个人就会听到安东尼伯爵那不怒自威的声音。

王宫四角设有塔楼。北侧的两个塔楼担负着警戒功能；南侧的两个一个是兵营，另一个则是幻兽塔，提供给宫内人员和客人的幻兽居住。

除此以外，侧楼的背面还有马厩等附属设施。以上就是王宫建筑的整体情况。

大王宫之内生活着宫廷主人——王室主要成员，以及为他们服务的宫务官员。宫务官员绝大多数是贵族身份，在宫相的领导下照料王室成员的日常生活。

主要宫务人员罗列如下

宫相

总体负责王室事务，包括王室的财务、对外消息发布。现任宫相是布兰特·安东尼伯爵。在王国千年历史上，安东尼家族的人多次担任这一职务。

内务总管

负责国王及王室成员饮食起居，管理着王室厨房、王室酒窖、王室制衣厂、王室修造厂等重要机构。现任内务总管皮特·安东尼男爵是布兰特·安东尼的侄子。据说皮特很想在布兰特退休后成为新任宫相，不过到目前为止，他还没有通过我的考察。

财务总管

负责王室日常开支的支付。现任财务总管钱德勒·提皮斯子爵是索文首相的远亲，其家族已没落数代。

税务官

代表国王向王室的农庄和其他产业收取地租租金。现任税务官是理查德·朗斯代尔伯爵。朗斯代尔家族代代出税务人才，以为王室服务为荣。

侍从长

负责管理所有侍从的人事安排。现任侍从长是凯拉斯·布伦特子爵。布伦特家族没有加入四大贵族集团，属于独立贵族，不会做生意，不参与政治。

马厩总管

负责皇家马厩和出行、作战所用马匹。现任马厩总管是麦克莱恩·希斯男爵，希斯家族家主曾是公爵，在百年前获罪降为男爵。

节庆总管

负责组织皇家节日活动。现任节庆总管是伯吉斯·洛茨格里夫子爵。伯吉斯是洛茨格里夫家族唯一的成员。

黄厅总管

负责保管国王的礼品、收藏品（收纳礼品、收藏品的珍宝馆装饰色调以黄色为主，因此得名黄厅）。现任黄厅总管是霍利斯·拉凡特。拉凡特家族一直为国王服务，除霍利斯外，还有若干拉凡特家的子侄担任侍从和仆役。

车船总管

负责国王外出时的交通工具，包括马车、船、魔法阵等。现任车船总管是潘德涅·龚谷尔达男爵。龚谷尔达家族是肯尼迪斯科家族集团的成员。

红厅总管

负责组织宫廷舞会、戏剧表演等娱乐活动（举办娱乐活动的几个大厅装饰色调以红色为主，主管这几个大厅的总管被称为红厅总管）。现任红厅总管为博达弗·坎沙。坎沙是个平民，以前是一家剧院的老板，是宫相布兰特把他提拔进宫的。

秘书官

辅助国王处理政务，安排行程。现任秘书官是奥托·金男爵。金家族几十年前自费尔比公国迁居卡诺萨。

侍卫长

负责王室人员日常和短暂出行的安全（侍卫来自王家近卫军特别团）。现任侍卫长正是我的唯一信任的忠诚卫士，白银骑士库麦尔。

女官总管

管理王宫中所有的女官和女侍者。现任女官总管是布兰特·安东尼的夫人瑞达·安东尼。

王室学校校长

负责王室子弟的教育。兼管王室图书馆、王室博物馆等设施。现任校长鲁宾·吉盖克斯公爵是我的远房舅祖。鲁宾校长古板又守旧，在我小的时候没少罚我，不过学识确实非常渊博。

以上，《四海王典·卡诺萨大王宫》之章，赫丽一世补撰于卡诺萨王宫之寝宫。

下面该记叙御前会议和帝国议会了。这两个机构都在王宫议事，这是阿格里斯王时代的传统。开国之初诸事草创尚可理解，现在这么多人仍然挤在王宫里，我以为大可不必。

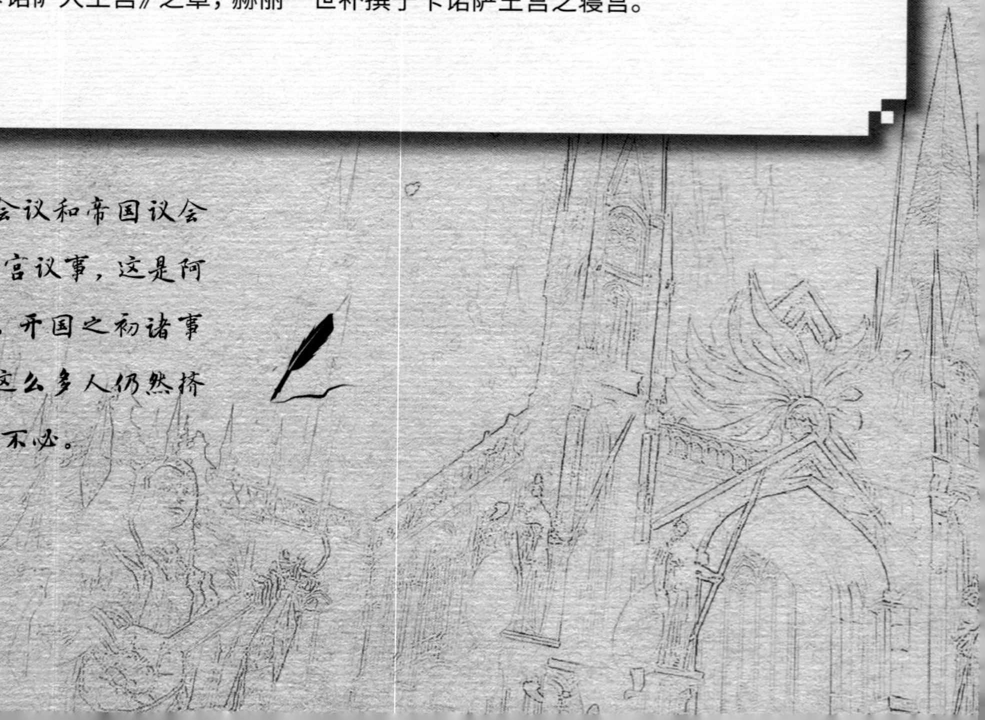

御前会议和帝国议会

御前会议

虽然大朝会的时候有百余名朝臣参与国政，但重要的军国大事如律法的制定、战争的动员、高级官员的任免都是由御前会议决定的。御前会议形式上是由国王也就是我召集的，不过这五年来都是索文首相礼节性地请示过我之后把大家叫来开会。会议通常三到五天开一次，从上午开到傍晚。大朝会的时候首相把御前会议决定的事情安排下去，听取朝臣们的汇报。

御前会议的成员包括国王和八名重臣。这八名重臣是：首相、司法大臣、财政大臣、军队统帅、农业大臣、商业大臣、大魔法师、幻兽大臣。

这八名重臣出身于贵族，阿格里斯曾说过国王是头和心脏，贵族是身躯和四肢。千年以来，王族与贵族共治天下的格局未曾改变。

御前会议的八名大臣中，财政大臣、司法大臣和军队统帅是国王直接任命的；首相、农业大臣、商业大臣、幻兽大臣由王国的四大贵族集团推荐，每个大贵族集团推荐一位；大魔法师则由蓝袍魔法议会推荐。

四大贵族集团的核心分别是罗兰多芬特家族、纳邦德尔家族、肯尼迪斯科家族、科洛诺斯家族。每个大家族周围都有一批中小贵族和他们抱成一团，唯他们马首是瞻。

四大家族的先祖都曾在阿格里斯王时期建立功勋，亚特王国成立后被封为贵族。经过千年岁月淘洗，一些曾和他们并驾齐驱的贵族消失了，一些仍然保有很高爵位的家族已退出王国政治核心，王国的整个贵族阶级分别投向他们四家形成集团。

这种局面如今似亦稳固。在我看来，之所以贵族们没有与国王争权，魔族这个大敌的存在迫使大家不得不一致对外是外部原因，而内因则是王室与贵族经过千年磨合，形成了利益共生、力量均衡的生态。御前会议中两个重要的制度就是在磨合中形成，得到双方认可的，这就是交叉管理制度和任职轮换制度。

四大家族集团都有自己垄断的生意，交叉管理制度即自己家族的生意由其他家族派人以国王代表人的身份进行监督。监督方式由国王确定，可能是两两互相监督，也可能是环形监督（即我监督你，你监督他，他监督第四位，第四位监督我）。国王代表人有权调查被监督家族的核心机密，换言之，四大家族对国王透明，彼此也掌握部分对方的秘密。

　　轮换制度指的是四大家族集团推荐的大臣五年一轮换，轮换没有规律，由国王指定。这样相府、农业、商业、幻兽四个部门才不会被某个家族垄断，相反每个部门中都有四大家族的人相互制衡。

　　首相的职位很重要，某家族推荐人选后，国王会和另外三大家族会商。如果反对意见强烈，国王会要求那个家族重新推荐，直到各方都能接受。

　　这八名核心重臣之外的大臣如运输、典仪等大臣有事向首相汇报，若非有要事就只在每十天一次的大朝会中才有机会见到国王。

　　在御前会议上我是个象征性的存在。做出重要决定之后索文会象征性地请示我，我除了点头做不了别的。偶尔我会亲自在某份重要文件上盖上国王大印，大印很重，我花了点时间掌握了盖印的要诀，那就是双手提起，使劲砸在文件上再停顿一下。

　　我冷眼旁观了五年，对这些实际上掌握着王国命运的人早已心中有数。

　　老相索文首相是大臣们的首领，总揽内政外交。这个纳邦德尔家族的逆子殚精竭虑，曾累到病倒。他没有辜负我父母的信任，我也可以继续信任他。

农业大臣法姆勒·罗兰多芬特是罗兰多芬特现任家主的叔叔，现年65岁。

法姆勒心宽体胖，口福甚广，酷爱魔物料理和其他种族的饮食。他也爱喝酒，我时常见他处于微醺状态。

法姆勒建立了完善的农业信息汇总制度。他要求各行省、自治领的督农官设立驻村农事官，定期向督农官汇报庄稼长势、天气好坏、地方治安、人口变化等消息，督农官再汇总上报给法姆勒的官署。他出现在御前会议的时候，总是在翻看一叠厚厚的报告。他对国家的粮食和乳肉等农产品的产量有着精准的把握，每年应存多少粮食、出售多少粮食都由他决定。

商业大臣伊卡诺德·塔尔是科洛诺斯家族集团中塔尔家族的成员。伊卡诺德现年45岁，身材瘦长，面无表情。

伊卡诺德出身于小贵族，靠自己的才华和努力获得了科洛诺斯家族家主莫罗茵的赏识。五年前轮到科洛诺斯家族推荐商业大臣，莫罗茵毫不犹豫地选中了他。

伊卡诺德主张压制商人，多次提议对他们课以重税，更是不允许他们有机会步入朝堂。我登基那年，一支魔族军队进犯王国，虽然最终被击退，但一些重要的村镇边城却遭到破坏。其时战事已持续两年，国库不丰，富商们捐出巨资恢复被破坏的乡村。与这些富商关系密切的罗兰多芬特家族本已说服索文封捐资最多的富商为男爵，伊卡诺德坚决反对，两大家族几乎翻脸。最后在索文的调节下各退一步，授予瑞坎、庞加尼、古德连三名富商不可世袭的从男爵头衔。

幻兽大臣马布卡伊恩·肯尼迪斯科公爵几乎和索文首相一样年老。他是肯尼迪斯科家主肯尼的亲叔祖。马布卡伊恩看似没什么主意，总在附和他人，却拐弯抹角地促使索文通过了几项限制幻兽生意的法律。

司法大臣、财政大臣和军队统帅是我母亲临终前任命的。

司法大臣罗伊尔女侯爵是我的堂姑，手段狠辣却不失公正。在她的主持下，诸多震动王国的大案得以审结。

财政大臣费里南斯侯爵所属的兰迪家族本已败落，年轻时他只有个男爵头衔，没有封地，在博兹弗省省督手下当簿记官讨生活。父王感念其家族曾为王国立过大功，特意加恩提升他为伯爵，给了块不错的封地，兰迪家族得已起死回生。费里南斯也一步一步爬到财政大臣的位置。

军队统帅德拉佩罗侯爵曾是父王手下最得力的将领，他的爵位是靠无数军功积累起来的。最初我以为他是个有勇无谋的武夫，后来发现，能坐在这张会议桌前的人，脑子都不简单。

还有崔尔登大法师。平时他待在法师塔里，长年缺席御前会议。这次却也和其他几人一起参与罢相，大约是因为与索文政见不和吧。

🏛 帝国议会

帝国议会是国王的顾问机构,负责向国王就某些重大问题提出建议。这些议题可以是国王指定帝国议会讨论的,也可以是帝国议会自发的。

帝国议会由王族和整个王国大小贵族的代表组成。帝国议会每月开会两次,会后形成一份报告呈送国王。

报告的内容紧扣时政,代表着王国贵族的态度和观点,是对御前会议各项决定的反馈。我渐渐学会了从帝国议会的报告中读出各方势力的题外话、弦外音。

报告的措辞经常是含糊暧昧的,需仔细琢磨才能看懂哪句话是谁说的,表达的真实意图又是什么。只有在关键时刻,帝国议会才会鲜明地表明态度和立场。

帝国议会的报告对国王没有约束力,但历代国王对它都很重视,有时还会在报告上写批注,通过非正式渠道反馈给帝国议会。

主持帝国议会的是会议主持人。这个角色往往由德高位显者担任。近年来担任会议主持人的,是我年轻的堂叔伊利法大公。

会议在王宫二层的大会议厅举行。先是由会议主持人宣布今天的议题。国王要求讨论的议题优先,之后如果有时间则自由讨论。自由讨论的议题由参会者写在小纸条上交给会议主持人,会议主持人挑选几个关注度高的议题进行讨论。

讨论时,会议主持人点到名字的人才可以发言。习惯上主持人会按照王族、四大家族、京内贵族、外地贵族的顺序点名。发言时,主持人会倒过一个小沙漏,沙子漏完发言结束。如果有长篇发言要事先以书面形式交给主持人,由主持人决定是否允许他宣读。

发言之后是辩论。这时候就要看谁嗓门大了。如果不能说服对方,就会使劲捶桌子,跺地板,辅以力度合理的肢体接触。如果发言者过于激动,主持人会用事先准备好的凉水让他清醒,同时宣读先王禁令。四百多年前王宫改造告一段落,大会议厅刚落成不久,当时的国王曾下令禁止在大会议厅格斗,更不允许群殴。后来便让人把禁令刻在了大会议厅的墙壁上。于是那些喜欢辩论的贵族纷纷拜高音歌者为师学习吐字发声,力求盖过对手。帝国议会召开的时候,即使在寝宫中,我也会被他们高亢嘹亮的话语震得脑袋嗡嗡直响。

帝国议会还有着不为人知的一面。在休息室,在走廊,在会议间隙,各种传闻、秘闻、小道消息迅速传播,这个时候这些王公贵族都压低了声音交头接耳,神情诡秘。对于有些人来说,交换这些信息才是来开会的主要目的,比讨论国家大事还重要。

以上为《四海王典·御前会议和帝国议会》之章,赫丽一世补撰于卡诺萨王宫之寝宫。

出发前夜

旧历春月廿七日 夜雨

明天我就要带着诗寇蒂和库麦尔出发了。

这两天,安东尼先生一直在为我们的远行默默地做着准备,如果没有他的帮忙,我想我也许连宫门也走不出去。在得知我这个略显冒失的计划之后,他毫不迟疑地着手为我准备行装,协助我们制定出行计划。虽然他从未对此发表过任何看法和意见,但我完全能感受到他的担忧。听身边的宫女说,就在几个小时前,他又把库麦尔唤去了办公室,应该是做临行前最后的安排。

卡诺萨已经连续下了三天的雨,这些潮湿缠绵的雨啊。此时,浓云遮盖了星月,绝望之海的涛声哗然,寝床上的诗寇蒂已经酣然熟睡,我起身来到露台,褪却白日的浮华喧嚣,这座历经战火,由"四海之王"阿格里斯桑亲重建的城市似乎回归了其本初的样子,沉默而坚实,谦逊而包容。

我想今晚我是难以入眠了。不如利用这独处的半夜时间补撰王典,这一章,就写写卡诺萨。

卡诺萨概览

卡诺萨城兴建于第一创世纪时修筑的卡诺萨堡的残迹之上。

修建卡诺萨的建筑材料以石头为主。这主要是出于军事需要，另外从阿特拉斯断裂山取石也比较方便。最近几十年来卡诺萨人开始在建筑中使用木材和烧结砖以降低成本。

从王宫俯瞰，卡诺萨不同区域的建筑外观上有不同的特点。

王宫西面是王家花木苑，园丁们为王家花园培育新奇的花木，时常有阵阵清香从花海飘来；王宫东面则是王家猎苑，那里有一大片草地和小规模森林。时至今日那里已没什么猎物，被改成了习武场。而那一小片森林可能是卡诺萨唯一还保留着的千年前的景物。

卡诺萨有内外两道城墙。第一道城墙把卡诺萨分成了内城和外城。

内城和外城北部是大小贵族的府邸。这些府邸高大气派，通常以自己族徽的主色调涂饰整座府邸，从王宫俯瞰过去像一块块彩绘玻璃。

外城西部是八大学院，采用白色为主色调。

外城东部是军营，统一的一片黑色。

外城南部是成片的高大货栈，住在那里的是富商。富商们的豪宅都极尽奢华，在阳光下反射着艳丽的光辉。

而在外城城市中间的"真正的卡诺萨"，即平民居住区，明显比四围的建筑要低矮，色彩参差斑驳。在清晨或黄昏时，"真正的卡诺萨"飘着缕缕灰白色的炊烟，显出与城市其他区域不同的生机。

明天，我便要走出王宫，走进这个我已俯瞰多年，却从未靠近过的城市和国家。它到底会以什么样的形象来迎接我？它会告诉我什么？想到这里，我竟然有些好奇起来。

以上为《四海王典·卡诺萨概览》之章，赫丽一世补撰于卡诺萨王宫之寝宫。

不速之客

☀
旧历春月廿八日 晴

真的好险,我们原本的计划是跟随午班的宫人离开王宫,之后与等在宫门外的库麦尔汇合。可今天上午的御前会议拖延了好近一个小时。

为了给我们争取时间,一向诚实正直的安东尼先生以宫中物品丢失为由拦住了离宫的队伍,在缓慢的搜查过程中,我们终于换好衣服,赶了上来。于是,宫相先生的物品也顺利地找到了。

走出王宫大门的时候,我下意识地回头看去,安东尼先生略带伤感的脸上扬起一丝笑意,他向我轻轻地点了点头,随即转身而去。宫门缓缓合上,我忍不住鼻子一酸——我忘了与安东尼先生约定归期。

出了宫门,库麦尔便迎了过来。他说我们需要再步行一段距离才能到达停放马车的地方。这是我第一次在这个城市里步行,与前几日的阴雨天气不同,今天晴空万里,时近正午,干净整洁的大道上偶有几辆马车匆匆而过。大道两旁,随处可见三三两两仆人装扮的男女,他们或提篮或推车,轻声说笑着,往主人家的方向走去,这里是卡诺萨的内城。

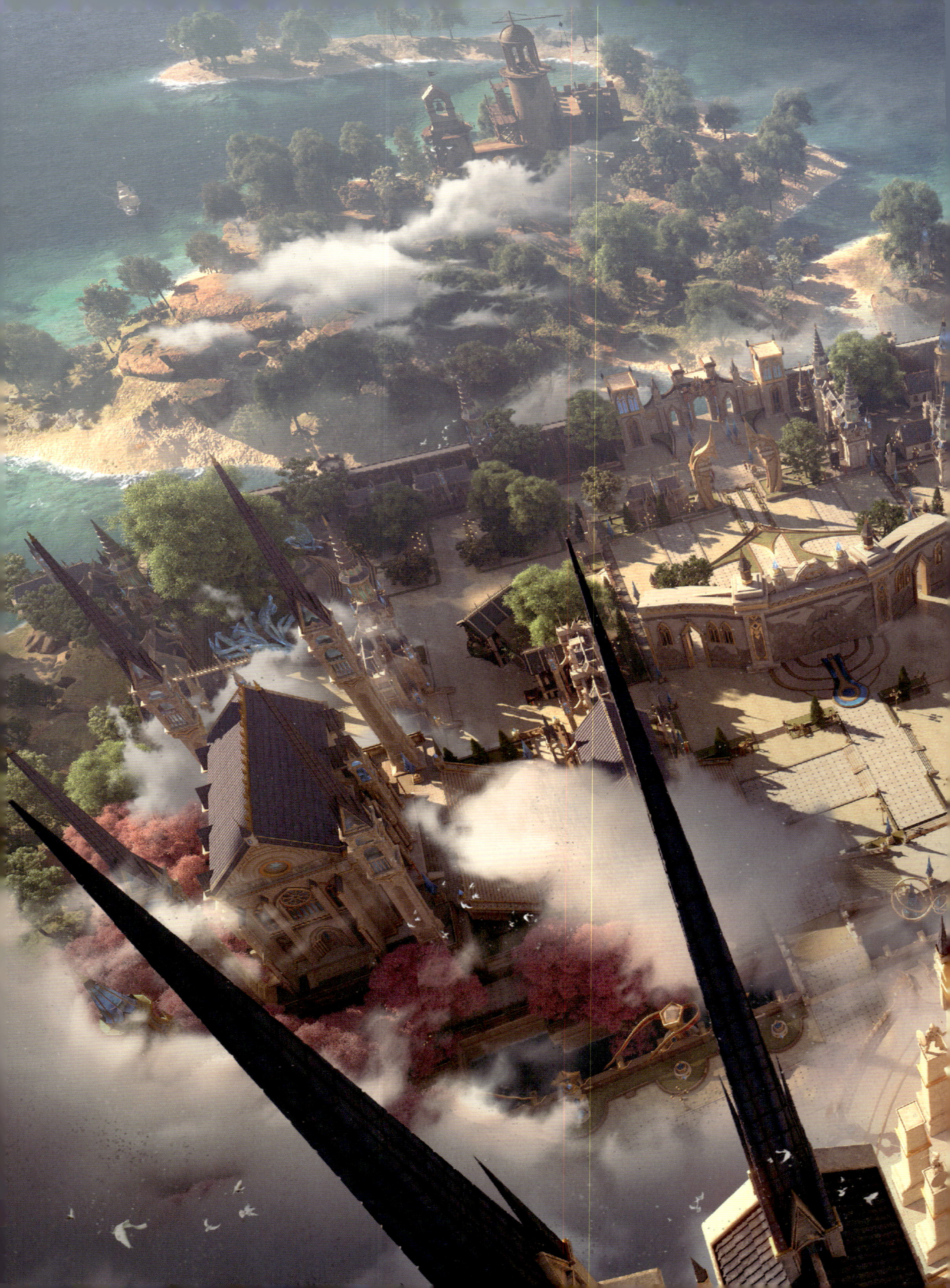

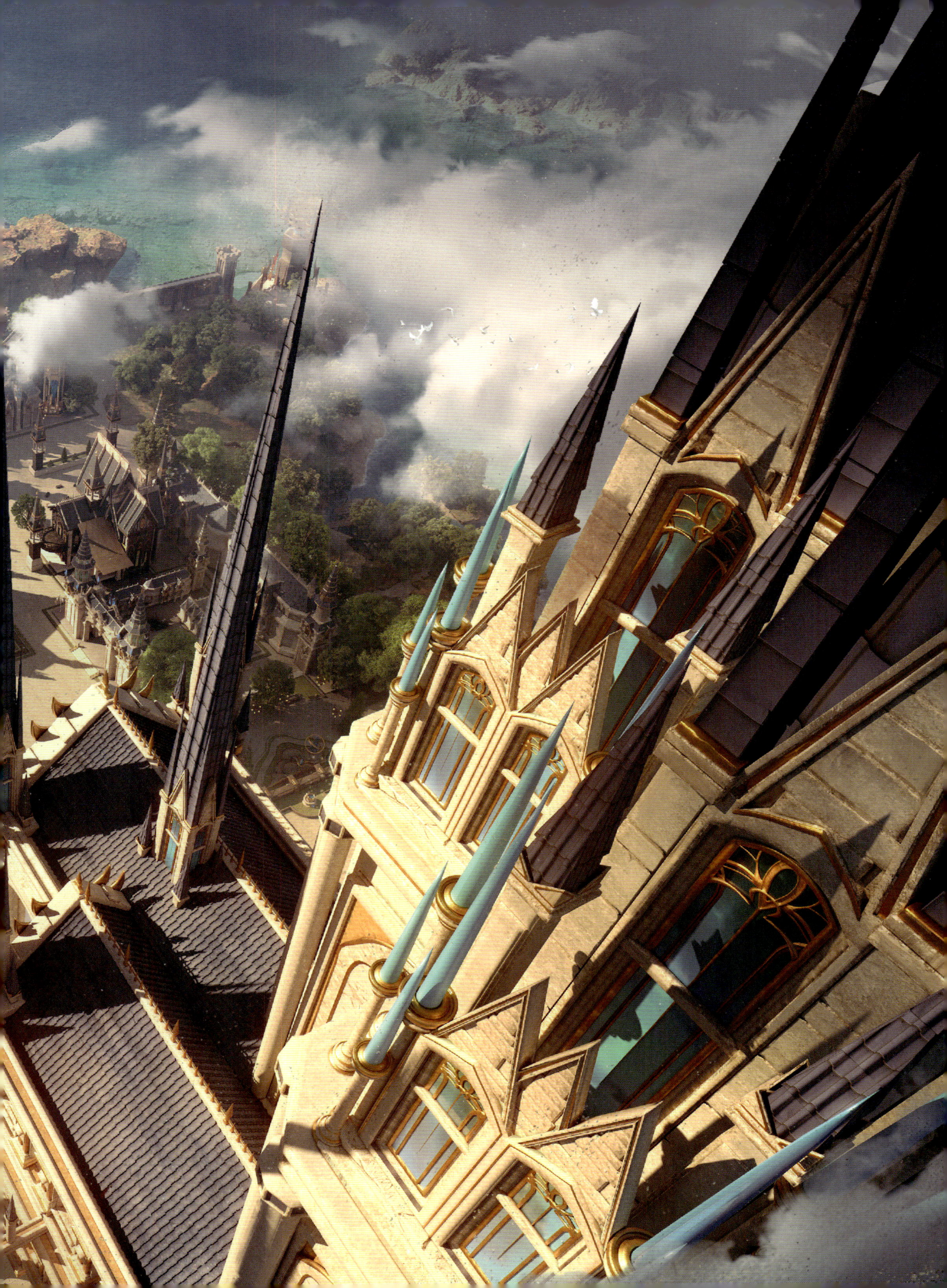

内城——王亲国戚

卡诺萨建城时期，王宫附近到处是工棚和军营。物资补给最初靠军队，后来有农民过来开荒种田，手艺人渐渐盖起小作坊，商人们也挑着担牵着马做起买卖。那时候贵族们住得比较分散，反正到处都是无主之地，向国王申请就可以圈地建房。

亚特王国建立之初，整片大陆遭遇灭世之爆，海水侵陆，尚在兴建中的卡诺萨损失惨重，唯有王宫和附近一片区域地势高未受分毫殃及。于是一种说法流行开来，说王宫在洪灾中平安无事是"天佑亚特"的征兆，各大商会、公会等都想在王宫附近占一席之地。不过他们注定争不过王国的亲贵。水灾中王亲贵族们流离失所，惨不忍睹。他们向国王请求在王宫附近居住，沾点福气。出于怜悯，国王便一一应允。工匠们迁出内城，连兵营也搬走了，只留下国王亲卫队。

离王宫最近的是国王的近亲，他们的府邸像简化、缩小版的王宫。王亲们的府邸拔地而起，王宫附近的土地越来越少。说起来或许真是天佑王家，千年来王族人丁兴旺，房子老是不够住。在我曾曾祖父沃辛王在位时有位老亲王酒后一把火烧掉大半个猎苑，沃辛王也没再费心栽树、放养狐鹿，而是用那块荒地让七八个亲戚盖了房子。我一度怀疑是沃辛王唆使老亲王放的火，我的历史老师费里尔公爵花了好几天时间让我打消这个荒唐的想法。

离王宫稍远些的地方则是贵族们——特别是朝廷重臣——的府邸。府邸规模与其爵位相对应。不过住在内城的，起码也是侯爵。他们都有自己的领地，一年中会有五六个月留在领地处理事务，然而他们还是热衷在内城安家。四大家族最早获得国王的许可，他们既受国王恩宠，又有足够的钱盖房子。

渐渐地，在贵族圈子里形成了一种共识，千年不衰：住得离国王越近，说明越受国王的信任。这似乎有些道理：最近几十年来，离王宫最近的贵族府邸就是相府。索文首相既是父王指定的摄政大臣，又出身于纳邦德尔家族，虽说与家族不睦，但血脉毕竟无法斩断。父王信任他，我也可以信任他。其他大臣的府邸与各大家族的交错排列，逐渐向内城城墙铺展。站在王宫看着这番景象，总会想起阿格里斯先王所说的"国王是头和心脏，贵族是身躯和四肢"。

至于说到信任——确实，君臣毗邻而居鸡犬相闻，当然可以看作是信任。可也许我想多了——这难道不能看作是一种不信任吗？

总之，开国不过几十年，内城便冠盖云集，见不到半个布衣百姓。

当然，在内城城墙建成后不久还是有些平民开的货栈和商铺，供应王家、亲贵们的衣食住行。亲贵们府邸大了，开销也就多了，于是就看上了这些生意，派侍从、远亲之类也开起货栈店铺。他们仗着身份特殊总能弄到最好的货色，渐渐地平民被挤出内城，他们顺势成了专做王室、亲贵生意的"王商"。如今四大家族的生意遍布大陆，在最初他们就是靠做"王商"起家的。

写到这儿我得插一笔：我的亲戚们，亚特王国的王亲国戚们做生意的能耐远不如那些贵族。他们的生意能维持纯粹因为他们的身份，大家不得不迁就他们。我就知道我的一个远房堂兄欠了罗兰多芬特钱庄一大笔钱还不上，克林刚多·罗兰多芬特侯爵当着他的面"一不小心"烧掉借据销了这笔烂账。

以上便是卡诺萨内城的情形。

远的成员和一些新授爵的中小贵族就在内城外紧贴城墙的地方占地建府，各大商会、公会、学院也挤进外城城北，卡诺萨日渐繁华。

🌀 王亲国戚

如果给阿格里斯王的所有后嗣都封地授爵，兴许全国的土地都不够。因此王国第五代君主孟德摩克森规定：在位君主曾祖父的直系子嗣享有爵位和封地，非直系子嗣则只保留爵位，封地由王国收回重新分配。如果在位君主有一位长寿的高祖父在世，那么可以接到王宫尊养起来，封地一样要收回。

自阿格里斯王起，国王的所有后嗣都要被录入《王家族谱》，迄今已有厚重的六册。我时常翻看族谱。那些失去封地的远支王亲们有些从军，有些做了神职人员，有些索性放下身段经商，几代之后连他们自己都不记得自己是什么爵位了。也有些人死抱着王亲的身份，售卖祖产度日，几代之后没人理会那个尊贵的头衔，子嗣做了油坊或者铁匠铺的学徒。

也有些远支王亲在军中建功，或者展露出魔法师的天分重新获得显要地位，令人略感欣慰：四海之王的血脉，毕竟不凡。

我曾祖直系后嗣中，年纪最大的是我的伯祖——老亲王利奥波德，他生有二女一子。伊尔达堂姑和德拉克拉拉堂姑分别嫁给了修拉家族和塔尔家族的现任家主，伊尔达堂姑的长子有望继承修拉家族的家主之位；堂伯胡马尔年届六十还是不能继承公爵爵位。他的两个儿子，一位就是欠了罗兰多芬特家债还不上的庞德里克，另一位远房堂兄盖坦投身军旅，积功被封为男爵。堂伯的女儿克里欧5岁时失踪，杳无音讯。

我的祖父生了两个儿子。伯父特雷伯大公中年身故，留下三子一女，皮特堂兄继承了他的爵位，另外两个堂弟都准备从军；还有一位堂姐苏瑟常进宫来陪我，她好像在和一个平民恋爱，可能要嫁到城南去。虽然近百年来不时有贵族小姐嫁给平民，但王家的大公小姐下嫁给富商，从未有过。出嫁后苏瑟不再是大公小姐，皮特堂兄也会有意疏远这门亲戚，但她决心已定。唉，恋爱中的人啊，真是不懂他们在想什么。

我的三叔祖莫里恩特斯亲王仍然在世，不过他腿脚不便，一直留在南方的封地。他有四子一女，唯一的女儿就是我的堂姑，司法大臣罗伊尔女侯爵。三叔祖的头衔和封地将由他的次子格里美尔森继承。他的长子，我的韦德堂叔，年轻时胡作非为，甚至暗中和魔族有来往，被我父亲下令处死。

另外两位堂叔在军中多年，都获得了骑士称号。独臂骑士呼罗茨堂叔驻扎在西麓山脉，我出生那年就获得伯爵爵位；铁旗骑士拉斯尔平堂叔驻守树心城，获封子爵。

三叔祖活着的这三子一女一共生了十六个孩子，这些远房堂兄弟姐妹我至今都没认全，其中有七位已经有自己的爵位了。

祖父一辈还有位四叔祖约布亲王，他新婚不久就战死沙场。至今吟游诗人们还传唱他带一支孤军在庇护山拦截一万名越界魔族士兵的事迹。

约布亲王留下一个遗腹子，就是我的堂叔伊利法大公，他比我大不了几岁，我小时候他甚至和我一起上过两年学。

父亲痛惜约布亲王英年早逝，即位后对这个堂弟恩宠有加，扩大他的封地，翻修自己年轻时的府邸赐给他。好在伊利法大公并不恃宠而骄，虽然喜欢开宴会、看戏，却很是自敛，坊间从无不利于他的传闻。

我在《王家族谱》里读到过约布亲王的生平。我知道王族还在世的成员生平已经在撰写，执笔人就是费里尔公爵。我想看看他是怎么写这些人的，特别想看看怎么写我，他坚决不肯。也许在临终前我才能读到关于我的段落，我对费里尔和他的继承人怎么写我完全没有把握。

历代王后的亲戚们得到的往往是荣誉头衔。我的外祖父母被尊为亲王和亲王夫人，但是既无封地更无实权，甚至都不住在内城。我对他们有一点模糊的印象，在我4岁的时候他们就相继故去了。

我母亲的亲戚中有一些在行省或者贵族自治领做小官，我的亲舅舅邦斯就在博兹弗省省督手下当税务官，也许这次出游可以去探望他和我的两个表弟。

斯普里茨家训

王后的亲戚想获得重用是很难的，即使他能力人品出众也会被有意压制，这是历代亚特国王不成文的规定。他们希望王后和她的家族明白，和国王联姻并不意味着飞黄腾达，反而要接受严格的限制和约束。

这个不成文规定源自阿格里斯王。他要求自己的家族成为亚特人的典范，首先要做到公正无私。而王后的亲戚凭借她和国王的婚姻关系就获得权力和领地是不公正的。除此以外，他还希望国王的家族在各方面都是榜样，甚至要求他们去夺得亚特第一勇士的称号。

阿格里斯王有这样的要求，并非出于虚荣。他深知王族的形象关系到民众的信任和信心，越是国王的近亲越是责任重大。他留下的家训是"斯普里茨家的一切都属于亚特王国"，就是要求王族成员克制私欲，一切为王国着想。

我读过《王家族谱》，所以我知道斯普里茨的家训并不总是得到遵守。远的不说，我那位伯父特雷伯当年为了当国王就不择手段，暗地请了个不知道是什么种族的魔法师想害父亲，被崔尔登大法师击败。虽然费里尔公爵运笔闪烁，我还是依稀看出当年的事情中有我三叔祖和老亲王利奥波德的影子。

我登基以来我的亲戚们行事都还中规中矩。无论是帝国议会的小道消息，还是肯尼迪斯家印的《亚特周刊》，甚至在卡诺萨的大小酒馆里，吟游诗人的口中，都听不到王族成员行为不端的消息。

或许他们都在尽力达到阿格里斯王的要求，或许平静的只是表面。

以上《四海王典·内城》之章，赫丽一世补撰于卡诺萨大王宫。

我们的马车就停在王宫东侧永宁巷的拐角。库麦尔的两匹马拴在马车后面，这会儿它们不安地用前蹄刨着地，噗噜噜打着响鼻。还未靠近马车，库麦尔似乎就感觉到了某种危险，他将我们护在身后，一步上前掀开了马车的门帘，只见银光一闪，一把锃亮的匕首架在他的脖子上。

库麦尔一言不发，挺身蹿进了车厢里，不过几个呼吸的时间，他便再次掀开了门帘，那个不速之客已然被他捆在了马车地板上。

"放开我！你这武夫，怎敢对我如此无理！你是不想活了吗？我命令你立刻放开我！"那人衣饰华贵，一望便知出身于贵族，他把声音压得很低，似乎是不想惊动他人，"你知道我是谁吗？要是我把这件事告诉罗伊尔姑妈，你就死定了！"

我想起来，这条永宁巷正是司法大臣罗伊尔女侯爵宅邸的后巷。罗伊尔是我祖父的三弟莫里恩特斯亲王的女儿，我的堂姑，这么说起来，这突然出现的陌生少年竟是我的亲戚。

我忙示意库麦尔将他扶起来坐好，"你叫什么？为什么会在我们的车上？"

"你是不是从家里逃出来的？"诗寇蒂问得比我直接。

少年叹了一口气："父亲和姑妈都想让我考学，在家待着太无聊了。"

"那你想去哪儿？"

"……回家。"他说的"家"，应该是莫里恩特斯亲王在南方隐雾沼泽的封地，那儿离卡诺萨可不近。"你们的车要出城吧，捎我一段怎么样？这周围的车驾我都看遍了，只有这辆最普通，不像是内城的马车。"

"不行。"库麦尔一口回绝了他。

此时，车驾外突然传来了一阵骚动。我们循声望去，远远看到一队巡逻兵正向着我们的方向逡巡而来，少年看到这些人，脸色唰的一下变得惨白，那些人应该是冲着他来的。

"你这个武夫怎么这么不通人情啊？我告诉你，我叫斯蒂夫，是莫里恩特斯亲王世子格力美尔森大公的小儿子，我以未来的亲王头衔和封地起

035

誓,今天只要能带我出城,你们适才的无礼可以既往不咎。否则,我就告诉他们——你们,绑架,我!"

巡逻兵的声音越来越近,我也有些着急起来,秘密出宫的第一天就如此不顺利,真是个让人沮丧的开始。

"带上他吧,我们得赶紧离开这里。"我匆匆地吩咐道。

库麦尔点了点头,上前一把抱起被捆成一团的少年。

"你,你要干什么?"斯蒂夫慌乱地叫道。

库麦尔胳膊一扬,将他扔进了马车后部的行李厢中。

躲过了巡逻兵,我们顺利地离开了内城。

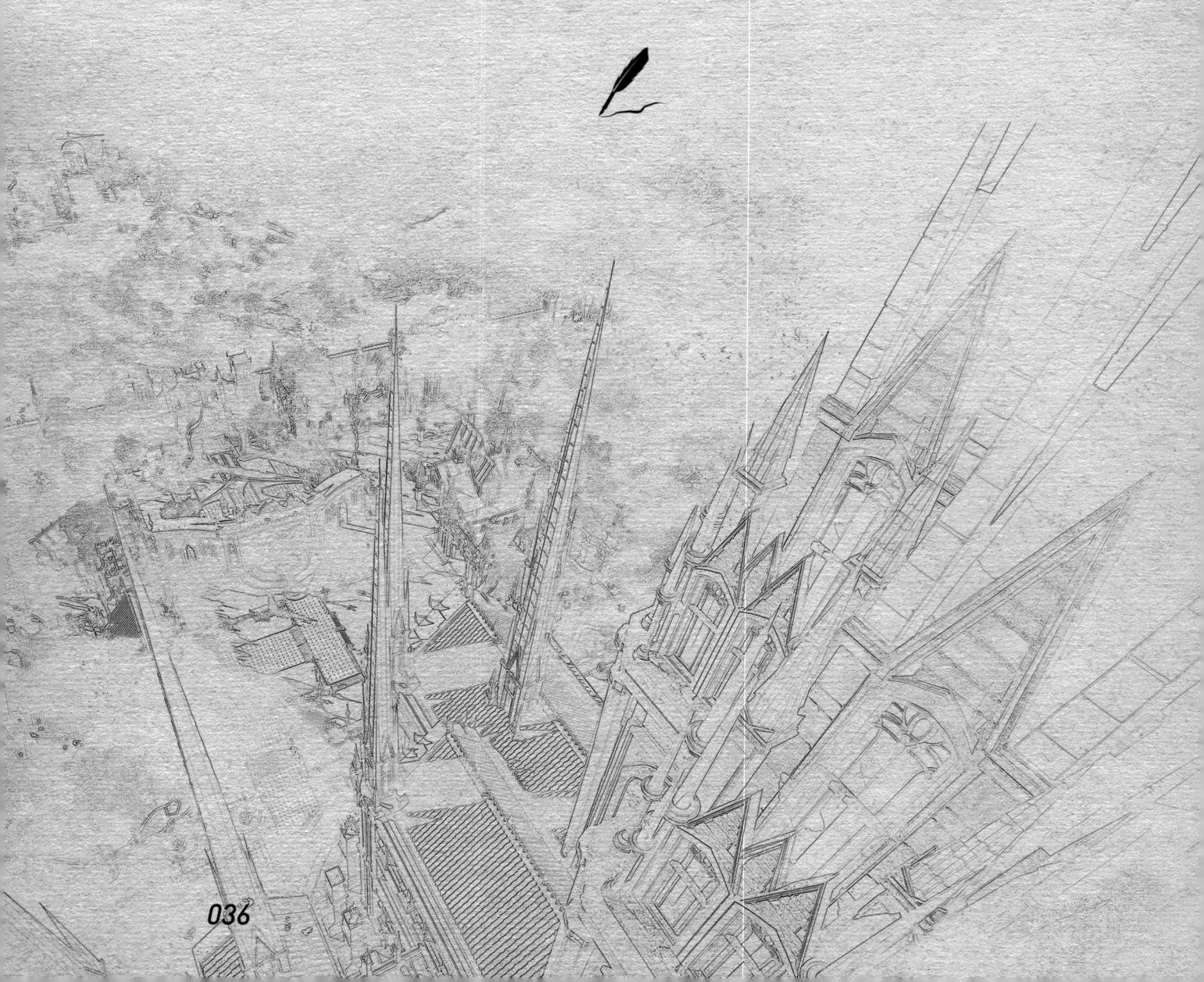

第二章
外城很忙
—— 北贵南富东寒西暖

THE OUTER CITY

"先别忙着回绝，我敢说我的谢礼就算是女王陛下也会动心的，"他凑近了我们，"那是一件无价之宝，甚至可以说是亚特王国的国宝。"

北贵——中小贵族

🏵 建筑环境

我总是很容易就忽略内城的城门,因为这些居住在外城的贵族与王亲执着地效仿内城的建筑,不遗余力地将外城与内城相接的这一片区域变得水乳交融,不分彼此。

路面同样砌着从阿特拉斯断裂山中开采的岩石,矮人工匠们用水磨工艺将这些粉色花岗岩切割成大块方正的石板,铺在路面上平整美观,向路沿两侧的排水沟略微倾斜。道路走向横平竖直,宽度亦与内城一致,一次能够通过四驾马车。甚至连路旁的行道树和魔法路灯都与内城一样。每到夜幕降临,这些路灯与内城同时亮起的刹那,整个外城北区的贵族们都感到欣慰与满足。

这里的房屋结构也与内城的贵族府邸相似,大多以石头为原料,高宇华屋,宅门敞丽,千篇一律。这些贵族府邸守卫森严。最初贵族府邸与内城城墙有一段距离,随着时间的流失,内城城墙防御功能减弱,贵族们的府邸慢慢扩展,逐渐开始流行将内城的城墙当作花园的围墙。这些围墙又高又厚,还有人昼夜巡视,可以想见,绝没有人能从这里翻进他们的院子。

将家建在城墙之下,似乎又进一步激发这些贵族对内城世界的向往,虽然没有人试图将城墙凿穿,不过我确实听说过有胆大妄为的人在城墙边建起高塔,计划从家里架起直通内城的连廊。如果我没记错的话,应该是阿兰德家——我祖父的某位堂姐妹的孩子——我的远房叔叔马奎尔·阿兰德娶了内城朗多瓦伯爵家的大小姐,伯爵家与阿兰德别墅只有城墙之隔,大小姐厌烦了每次回家都要绕远路,而马奎尔叔叔自然是乐得从命。

毫不意外,他们的行为受到了索文首相的申斥,御前会议还特别为此出了条文,为了保证内城安全,所有环绕在内城城墙外围的建筑都不得超过城墙高度的三分之一。

贵族们的日常生活和娱乐几乎也都只集中在卡诺萨城北部地区。与效仿内城贵族相对应的是他们对外城平民的厌恶,我听说他们曾经荒唐地推选代表去请求崔尔登大法师为这个区域单独设置结界,仿佛与平民共同呼吸空气都会玷污自己的贵族身份。可事实上,这片区域最早就是平民的住所,是平民们允许贵族与他们错杂而居,到了现在,他们逐渐占据了整个北部地区,平民则住到了离王宫更远的地方。

以上为《四海王典·外城》之章(待续),赫丽一世补撰于卡诺萨外城,马车中。

斯蒂夫对外城北部的贵族区很熟悉，他坐在我们的行李箱上，滔滔不绝地跟我们说起这里的人和生活。

日常生活

在外城生活的中小贵族们基本上拥有低等的爵位或者稀薄的王族血统，正因这一点微不足道的不同让这些人更相信自己只要"努力"就有向上的机会，他们日常最热衷的事情就是穿戴着昂贵豪华而又沉重的礼服和首饰去内城参加各种沙龙。

白天，这里的街巷鲜少有人，而当太阳沉没于绝望之海的那一头，这些精心修饰的人们便乘坐着华丽的四轮马车奔赴各处。

在他们看来交际手段比其他任何能力都重要，他们认为，如果有幸被某位重要人物赏识，那么自己乃至整个家族的未来发展，都会变得简单便捷。他们就像槲寄生，需要不停地从内城这棵主干中吸取水分和养料才能活下去。

除了与内城的交界之外，外城还有多处娱乐场所供人消遣，追求奢靡无度的生活就像魔族想要消灭人类的念头一样终年不息。角斗场中长年人声鼎沸，地下博彩屡禁不止；王家歌剧院夜夜笙歌，制造美丽幻梦；纳邦德尔研修院礼堂不时会邀请著名的剧团和乐团来访演出，据说，"与女王一样钟爱音乐"是他们标榜身份的新方式，真让人哭笑不得。

一个国家绝无可能依仗这些人存在和发展，这趟出游让我彻底明白了这个道理，只不过像索文首相这样勤勤恳恳、一心为公的人实在是少之又少，首相已近暮年，我也该准备挑选新的臂膀。

在斯蒂夫的指引下，我们抵达圣欧斯商会附近的青阳旅社，就是我们现在歇脚的地方。青阳旅社的饭菜并不像斯蒂夫所形容的那般可口，但胜在清爽素淡，倒是不难下咽。

斯蒂夫似乎对家人有相当的不满，因为只要我问起他家人们的近况，他就会不耐烦地说："别问，王族的事很复杂，你们这些人听不懂！"

库麦尔最看不惯的就是这种做派，他放下盘子狠狠地瞪了斯蒂夫一眼，起身离席去后院喂马——库麦尔为这趟旅行带上了自己最钟意的两匹马，安德鲁和维拉。

城北除了中小贵族们的府邸外还有几处不得不说的建筑，包括纳邦德尔研修院、法师塔、圣欧斯商会和角斗场。它们的情形我倒是知道。

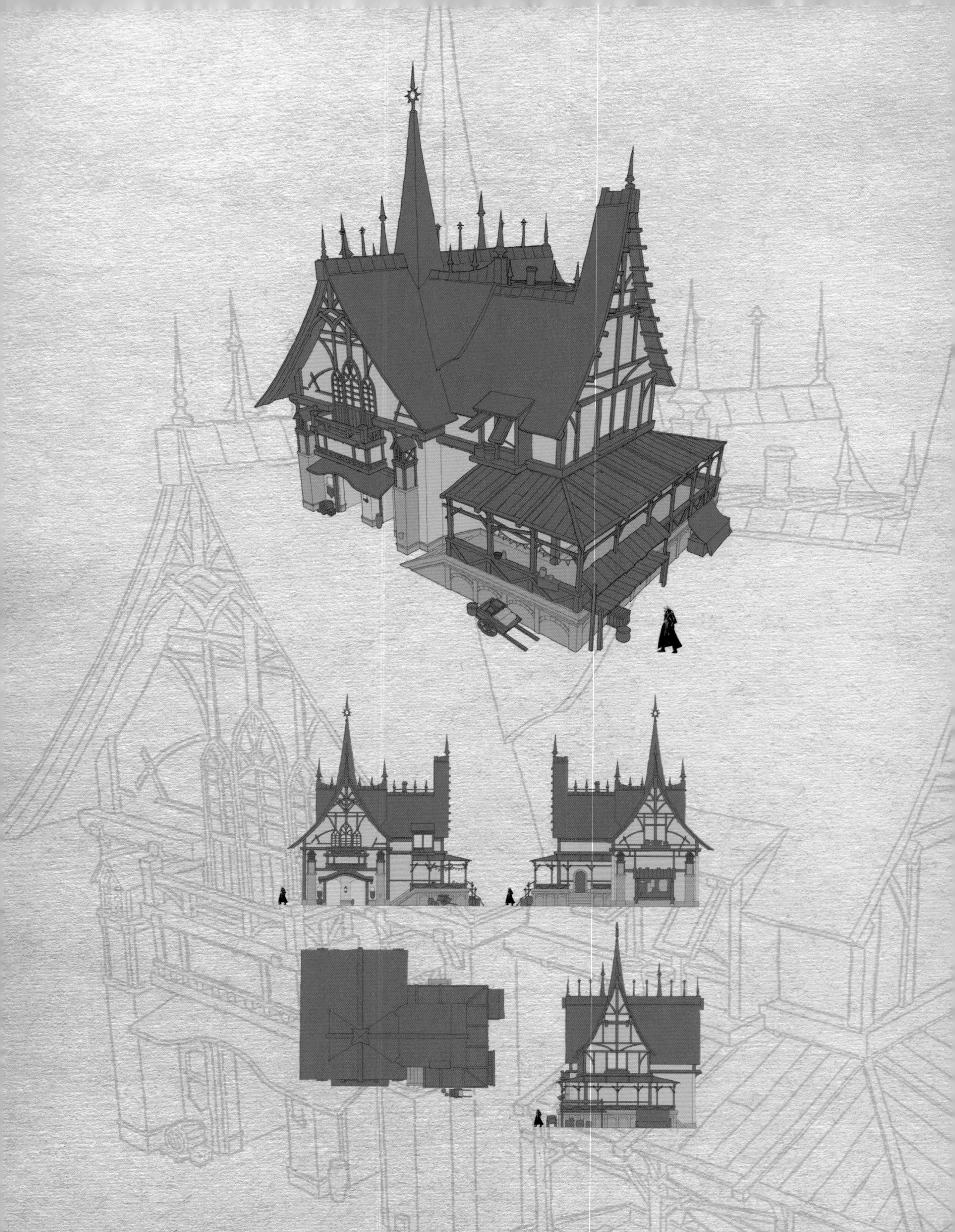

纳邦德尔研修院

学院简介

纳邦德尔研修院成立于亚特王国建国之初，是亚特王国独具一格、举足轻重的学术研究机构。学院以"人类未来，在我之手"为训辞，下设战争研究院、魔法研究院、艺文研究院、农业研究院、幻兽研究院（学术方向）等。这里每一位院士都是专业翘楚，他们才华横溢、精研学术、著作等身。

对于亚特王国的普通民众来说，纳邦德尔研修院不单单是王国最有学问的地方，更重要的，它还是亚特人民精神和意志的象征。

地理位置及建筑规模

纳邦德尔研修院位于卡诺萨城北区西侧，北靠悲泣海岬，西倚阿特拉斯断裂山，东邻内城，南面与同在一侧的卡诺萨八大学院遥遥相望。与北区的其他地方相比，这里安静冷清，超然卓立。

随着学科门类和人员的增多，学院几经扩建，目前占地面积与王宫相当，几乎将王宫以西的土地都囊括其中。二十年前，刚刚上任的院长古尔邦先生下令把学院四周的围墙全部拆除。他许诺这里的一切都向王国所有居民开放，礼堂、教室、图书馆还有知识。

学院最南端有一座气势恢宏的建筑，这是亚特王国最大的藏书及资料馆，收藏了将近三十万册书籍资料。院长先生曾经自豪地对我说，这里是亚特王国的"文心"。

学院西侧的大礼堂是著名建筑设计师亚瑟·贝当的作品，在他成为艺文研究院院士的那一年，这座大礼堂落成，他成为第一位也是唯一一位能在自己设计的礼堂中接受绶带的院士。

大礼堂的功能包括：通识讲座，这是大礼堂最重要的功能之一，学院研究员每周都会在这里开设不同主题的讲座，这些讲座免费向公众开放；学术研讨，每年这里会举办一次大规模的学术交流活动，会议云集，学者如织，活动通常以新院士的绶带仪式作为结束，堪称学界盛会；艺术鉴赏，邀请著名的戏剧、音乐团体汇报演出。

🏵 学院历史

纳邦德尔研修院几乎与亚特王国的历史一样长，它是在卡诺萨建都之初，由受阿格里斯王封爵赐姓的纳邦德尔首任家主——艾雷·纳邦德尔侯爵进言修建的。

彼时，刚刚结束战争的亚特大陆满目焦土，遍地疮痍，人类尚未从魔族的阴影中恢复。"我们能否重建人类社会？能否真正地获得幸福与和平？"这些问题萦绕在每个人的心中，迷茫、消沉、恐惧、怀疑、焦躁等情绪在人群中蔓延。卡诺萨高地上的都城建设就在这种氛围中，痛苦而沉默地进行着。

细心的艾雷侯爵感受到了人们的疑虑，他向阿格里斯王进言，我们的新国家需要一所能够用知识和希望驱散人们心中阴霾的学院。阿格里斯欣然同意，但是国家百废待兴，每一项事务都耗费巨大，即便有阿格里斯的全力支持，资金和用工上依然捉襟见肘，建造学院的进展十分缓慢，甚至一度处于停滞状态。

关键时刻，艾雷侯爵再次展现了自己的能力和担当，他亲往全国各地重新联络当时提供军需的合作伙伴，凭借着军旅时期结下的生死交情和一诺千金的信誉，艾雷侯爵以一己之力募集到了足够的经费。学院建设一日千里，成为继王宫之后最快建设完成的项目。众多学者入驻研修院，承担传承知识的重任。

纳邦德尔研修院的建成极大地鼓励了国民，当孩子们的朗朗读书声从这些崭新的教室传出，整个国家的希望被重新点燃。

艾雷本想将学院命名为阿格里斯学院，但阿格里斯坚持将学院以艾雷的姓氏命名，以表彰和纪念艾雷在建设学院中的诸多付出。在很长的一段时间里，纳邦德尔研修院为民众们提供基础教育，包括识字、算学、农技、剑术等。直到整个国家的教育体系日趋完善，它才功成身退，逐渐转型成为国家最高的学术研究机构。

🏵 入学方式

每年的冬、夏两季，研修者可根据自己的研究课题向学院发出研修申请，集中交学术委员会讨论，通过申请的人会获得学院院长签发的入院学习邀请函。获得院长邀请函，是亚特王国每位学者的最大荣誉。学院倡导不论年龄实力，都可以自由发言，平等讨论。

院士绶带及院士奖

每隔三年，纳邦德尔研修院都会在院庆日举行院士绶带仪式，这是最受王国学术界关注的盛会，只有在学科领域做出重大的、创造性的成就和贡献的学者，才能获得被提名的资格。候选人必须同时得到不少于3位同学科院士提名才可参选，最终当选者由所有院士投票产生。

纳邦德尔研修院奖是塔莎·艾斯霖女子爵在学院二百周年纪念的时候出资设立的，目的是为了纪念艾雷侯爵建校的深远功绩，致力于表彰那些为亚特王国解决重大问题的专家学者，它以其绝高的遴选标准，以及不以种族为限制的公正评判规则成为目前亚特王国学术界最受瞩目的奖项。

两年前，亚特大陆最著名的吟游诗人精灵奎德·星河获得了当年的艺文奖，诗人在演讲感谢的时候，发表了对矮人族极不友好的言论，精灵与矮人两个种族之间的矛盾由来已久，但表面上还是风平浪静。但这次，获奖者的演讲直接激怒了在场所有的矮人观众，坐在前排的我，只听见耳边一声呼啸，不知从后面的哪个角落飞来一只鞋子，端端正正地砸在奎德精心修饰的脸上，整个颁奖典礼就在无数只鞋子暴雨般的袭击下草草了事。据我的观察，当晚所有离开大礼堂的矮人都是光着脚的，还有诗寇蒂，对，她也凑了凑热闹。

原本我还担心这件事会影响矮人和精灵之间岌岌可危的关系，奇怪的是，他们并没有任何的表示，而学院方面，既没有撤销奎德·星河先生的奖，也没有责罚矮人观众，一切就这么悄无声息地过去了。

另外，今年学院申请的研究项目资金总额比去年上升了30%！

法师塔

法师塔的位置

法师塔是卡诺萨堡经过战争洗礼之后唯一留存的建筑，就在卡诺萨堡——也就是现在的王宫——的东侧，战争时期，它是卡诺萨堡的瞭望哨，至今，这座高耸入云、气魄十足的尖塔上还留有与魔族战斗的斑驳痕迹。

有传言称在卡诺萨的法师塔仅为投影，真实的法师塔存在于另一空间。我第一次跟着父母来法师塔拜会大魔法师崔尔登的时候，就向他提出了这个问题。他喝着青蜓梅子酒哈哈大笑，用一口浓重的南部口音回答我：好娃儿，俺们不信谣，不传谣，中不中？

中！我也跟着哈哈大笑，那个时候我才6岁，父王母后都在身边。

法师塔与蓝袍魔法师协会的历史

传说在重建卡诺萨城的时候，魔族多次派出小分队潜入城中各处滋扰，正处于建设时期的卡诺萨人员混杂，极难分辨和管理。当时负责卡诺萨城市安全的王家近卫军首领于耳曼一筹莫展。

某日御前会议，阿格里斯王就此事问计当时的黑袍大法师西蒙德，那时已经准备退休的西蒙德一言不发，转身就走，过了三天，他风尘仆仆地回到卡诺萨，回复四海之王，请他安心撤去防卫。

于耳曼将信将疑，命部下分散各处暗中警戒。很快，在入城的队伍中就发现了魔族的踪迹，正当于耳曼要下令抓捕的时候，卡诺萨城最高的尖塔上一道耀眼的白光闪烁，没有人知道是怎么回事，这些魔族突然全部消失。原来，西蒙德在离开的那段时间里走遍了整个亚特大陆，找到一块宇宙之心的碎片，他借助宇宙之心的能量用魔法构筑了一道护卫卡诺萨的屏障。

这块被命名为卡诺萨之心的碎片被安放在塔顶，西蒙德为了保证卡诺萨之心的安全，也在那里安了家。渐渐地，慕名而来向西蒙德求教的魔法师云集于此，那个时候的西蒙德大法师已经十分苍老虚弱，使用彩虹圣光魔法的反噬力极为惊人，饶是他这样的大魔法师也无法幸免。但是他对来访者的请求从不拒绝，总是勉力带领大家一起修习魔法，不过半年之后，他便蒙神的召唤，离开这个世界，只留下了扩建中的法师塔和仍处在草创期的蓝袍魔法师协会。

临终前，西蒙德任命年纪最小的弟子图赫塔为继任黑袍大法师，这引起了心高气傲的首席大弟子法莱瓦德拉的不满，在一个月昧之夜，法莱瓦德拉偷偷带走了卡诺萨之心，从此销声匿迹，有人说她投靠了魔君沙利叶。她的这一行为让刚继任的图赫塔十分难堪，整个蓝袍魔法师协会陷入了恐慌和不安。阿格里斯王并未因此责怪魔法师协会，但是一向正义自律的图赫塔在西蒙德的墓前起誓，他要用一生的时间去寻回卡诺萨之心。

蓝袍魔法师协会成立的翌日，图赫塔留下象征大法师身份的法杖和黑袍离开了法师塔，没有人知道他去了哪里。

十几年后，在一次清扫庇护山东麓的军事行动中，一支随军魔法师队伍误入魔族包围，在他们濒临绝望的时刻，一位衣衫褴褛、白发银须的老者从天而降，只是打个响指的工夫，便将这些魔族打败。老者护送他们抵达最近的军营，之后飘然而去。大家纷纷传说，这位来去无踪的魔法师便是图赫塔。

从目前法师塔中留存的资料来看，这可能是他留给世界的最后线索。

图赫塔离开之后，蓝袍魔法师协会进入了一段低迷期，几任无功无过的大法师之后，一位来自梦水联盟公国的魔法师罗米亚改变了这一局面。罗米亚是萨雷斯大公的幼子，他长相俊美，为人谦和，拥有极高的魔法天赋，在罗米亚大法师的努力下——也许还有萨雷斯大公，蓝袍魔法师协会成了官方的魔法师管理机构，为了感谢魔法师们近百年来对清扫庇护山东麓所做的贡献，国王拉尔西斯将法师塔区域永久赐给了协会，并邀请罗米亚大法师加入御前会议，他是继西蒙德之后第二位进入御前会议的魔法师。

一时之间，魔法师成了风光无两的职业，越来越多的人加入修习魔法的行列。

与此同时，因滥用魔法而引起的纠纷和案件日益增多，社会上要求控制魔法使用的呼声强烈。罗米亚大法师发起召开了第一次魔法师大会，他广邀全国各地的魔法师团体前来参会，会议上审议通过了《魔法师职业守则》，并要求每位魔法师必须通过资格认证，会后，魔法师团体发布联合声明，未来，将会在蓝袍魔法师协会的监督下，"有节制地使用魔法"。

蓝袍魔法师协会从一个松散的民间组织成为魔法师的官方管理机构，法师塔也从西蒙德时期魔法师们共同修习的场所，变成了魔法师协会办公楼。

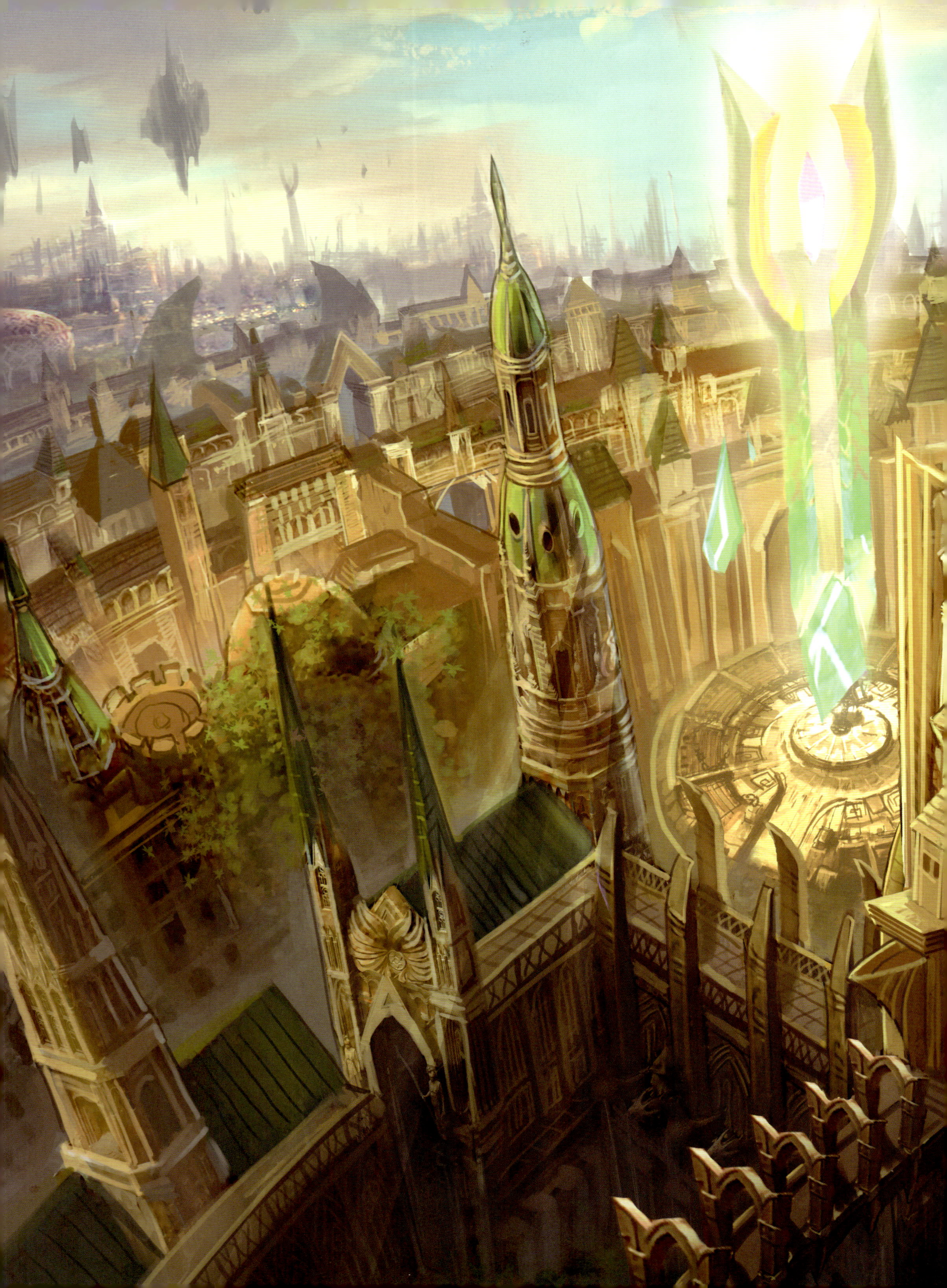

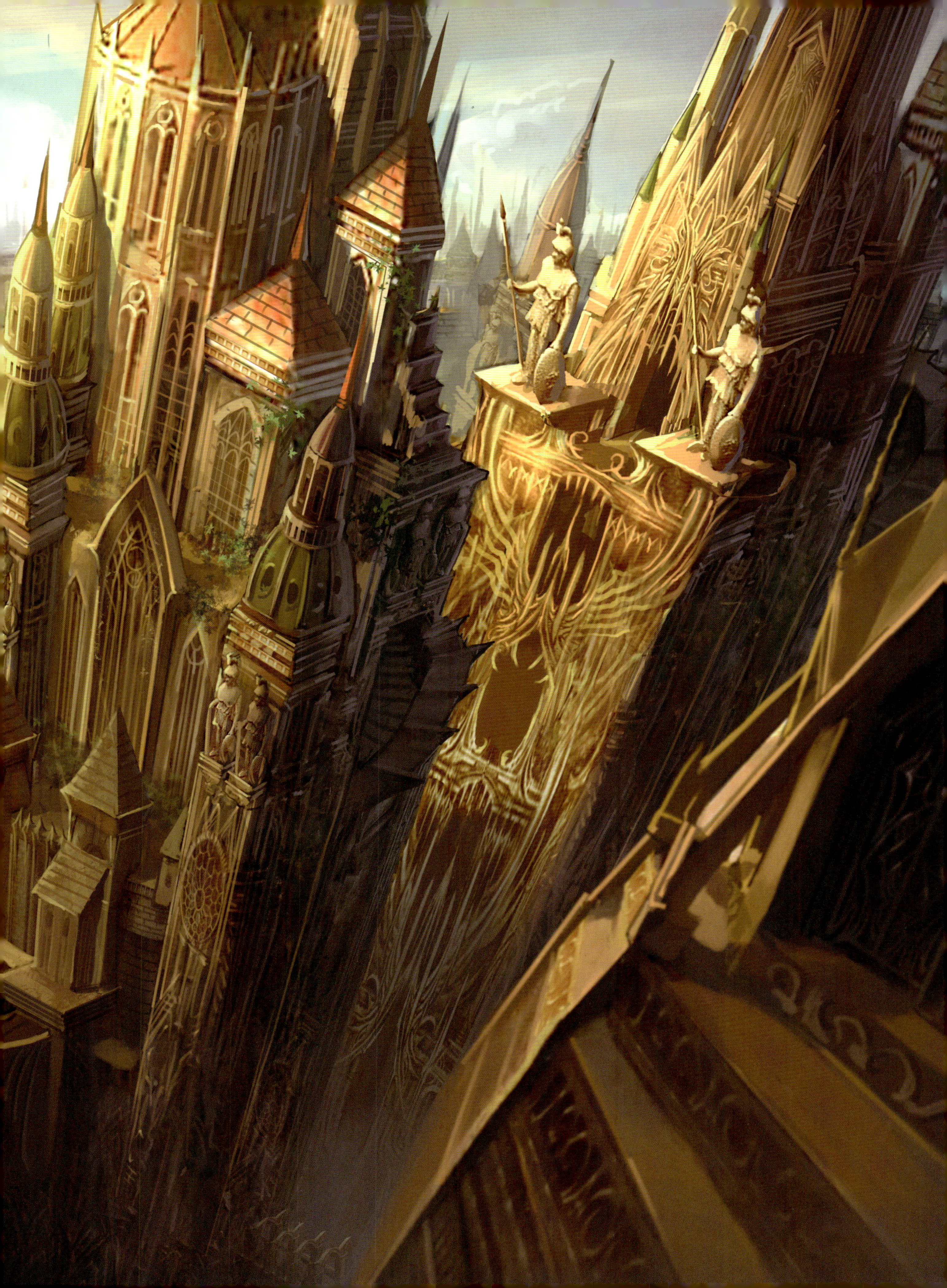

🌀 法师塔的建筑结构

目前，整座法师塔分为四层，底层是办事大厅，前厅办理魔法师认证、魔法事故鉴定、魔法师违规案件的研判处罚等事务，后厅主要负责接待各地办事点的魔法师。

第二层是一个巨大的魔法藏书资料馆。在第二层南侧有一扇隐秘的小门，只有走过特定的路径才能发现它的存在。父母去世之后，崔尔登大法师为了缓解我的痛苦，时常邀请我来法师塔做客，有一次我在图书馆信步，不知怎么就找到了那里，可还没等靠近，我的心里陡然对它产生了一股厌烦感，我夺路而走，却怎么都找不到来时的路，幸好崔尔登法师及时发现，带我离开了那里。

后来他告诉我，那扇门的后面收藏着亚特大陆最邪恶、最恐怖的魔法禁书，为了防止有人潜入偷看，这扇门被施加了多重魔法，所有靠近的人都会变得稀里糊涂，找不到出路。

第三层是魔法师档案馆，从协会成立到目前，王国内注册的执业魔法师共有二万三千多人。这些魔法师的身份档案全都可以在这里找到，尽管法师塔修缮完成至今遭遇过几次重大的灾难，但这些身份档案未有任何遗失，每每提及此事，档案馆的负责人魔法师戈尔都非常骄傲。

第四层塔尖部分安置着护城水晶和黑袍大法师崔尔登。在这里喝着酒，看着砂之辰从南方升起，是崔尔登先生最喜欢做的事情。他来自遥远的砺风戈壁，砂之辰这颗星所守护的地方。

在法师塔的北侧还有一座两层的配楼，配楼的前面竖着一块巨大的牌子，"检测重地，闲人免进"，这里就是魔法协会的检测中心，除了规范魔法师之外，协会对魔法物品的规范也非常严格。所有流通的魔法物品，包括魔法食物，都需要进行有害性检测，这里的日常就是乒乒乓乓，热闹非凡。我曾经亲眼看到这里的负责人，矮人格鲁特·怒风先生，头上顶着一团燃烧着的绿色火焰，怪叫着冲出了检测楼。他身边的人都是一副见怪不怪的表情，将一个装满白色粉末的大木桶扣在他的脑袋上，也许说身上更合适，因为他整个都被罩住了。

黑袍大法师崔尔登

我一直无法理解人们为什么总说黑袍大法师崔尔登是一个冷血刻薄的人，偶尔在御前会议出现的时候，他确实不如平时我见到的那么亲和，但我将这种不同归结为场合的原因，直到我无意间看到了他的"分身"，是的，举国敬仰的黑袍大法师崔尔登先生悍然违背《魔法师职业守则》使用违禁魔法"叠影重重"，为自己创造了一个傀儡，他叫它"崔尔登一世"。

"崔尔登一世"先生以雕塑的名义，堂而皇之地站在他位于三层东北侧办公室的一角，崔尔登告诉我，他不想参加的活动都是由这位"一世"先生代劳，区分他们俩的重点是口音，"一世"先生的砺风口音更偏向中部城堡地区，而他则要更往南。好在"那些北方人完全感受不到舌间音的奇妙差别"。

自从知道了他的秘密，我对御前会议的召开就稍稍多了一点期待，从那些舌间音的奇妙差别中判断崔尔登先生的真伪，可比御前会议的议题有趣得多。

对了，最后我得补充一点崔尔登大法师的资料。

一百年前，魔族再一次试探性地侵扰卡诺萨，他们沿着北部的冰冠山脉往南，绕过阿特拉斯断裂山，占领了卡诺萨西南方的卡尔村，国王紧急调派近卫军赶赴卡尔村救援。当近卫军抵达卡尔村时，惊奇地发现魔族人不见了，村民们正在忙碌地修缮屋舍，救治伤员。村长维克多向近卫军首领述说了事情的经过，魔族来犯，村民们毫无还手之力，就在他们即将被屠灭的时候，有一个路过的年轻魔法师救了他们。这个人就是年轻的崔尔登，而他击败魔族所倚仗的，正是消失已久的卡诺萨之心。

崔尔登跟着近卫军回了城，将卡诺萨之心交给蓝袍魔法师协会，随后，他与当时的黑袍大法师艾斯坦密谈半日，谋得了法师塔中图书管理员的工作。从那以后，他在人迹罕至的图书馆里日以继夜地阅读着魔法书，全然不理会法师塔中关于他来历的传闻，传说他是投靠魔君的魔法师法莱瓦德拉的继承人。

就这样过了二十年，仍在盛年的艾斯坦突然宣布离开法师塔，他将法杖与黑袍交给了崔尔登。崔尔登获得艾斯坦的重托，很多人都说，这个结果在二十年前就已经谈妥。

当上大法师后的崔尔登却一改往日的勤奋，再也不愿踏足图书馆，甚至连办公室都很少去，这也成了大家对他的一项诟病，

意见提得多了，便有了"崔尔登一世"。反正大法师就这么当了八十年，想来以后还要再当一段时间。外人说他严厉也好，不近人情也好，总归比酗酒怠工这样的评价要强得多。

没有人知道崔尔登的心里到底怎么想，只在一次酒醉的时候，我听到他含含糊糊地说着，"法莱瓦德拉，"他说，"你这个骗子。"

法师塔让王国省却了管理魔法师和魔物的很多麻烦，前提是法师塔不要惹麻烦。崔尔登当然值得信任，但是后续谁来担任黑袍大法师，这件事需要等我们的崔尔登大法师酒醒之后和他好好讨论一下。

圣欧斯商会

🏵 商会驻地

从法师塔往西南方向看，有一座五层大楼十分醒目，它紧邻着内城的东门，外墙和窗户装饰极尽豪奢，大量使用了魔晶、朱贝等珍贵材料，在日光的照映下流光溢彩，华美异常。

这座楼原本是小托里奥男爵的家，他们家族赐住在那里已经超过三百年。小托里奥的先祖奶奶是我父亲的先祖奶奶的亲姐姐，说起来，我们还沾了点亲。在继承家主之位的当晚，他被前来庆贺的朋友们带去了角斗场，小托里奥男爵从未见识过这种场面，在那里流连了三天，这座楼随即易了主。小托里奥被迅速剥夺了家主之位，男爵的头衔自然也归了别人。

买主很客气，直等到五天后老托里奥咽了气才派人来交涉收房，还任由着托里奥一家拖拖沓沓地搬了一个月。惹得好事的邻居们都在猜，新户主到底是谁。

买主在花园两边修建了耳房，还在原先的三层别墅上又加盖了两层。正当贵族们哀叹这座有着古老代尔塔风格的建筑已变得面目全非时，"圣欧斯商会"的牌子挂在了大门上。

外城的贵族们都气疯了，这么一个平民的商业协会有什么资格在高贵的贵族区中占据这重要的一席之地？！

在商会举办的入驻酒会上，那些不屑于收到邀请，但又不甘心落下热闹的贵族们透过自家的窗户，看到装饰着金属和宝石的车马挤满了街道，细心的人甚至能在其中发现四大家族和王室的徽记。

这下，所有人仿佛都忘记了托里奥家族，忘记了自己的愤怒，一致认定"圣欧斯商会"就应该且只能在这里。

最早的时候，圣欧斯商会没有固定的办公地点，大家选举出商会会长之后，会长就会将家中的某个房间改造成办公室，商人讲究效率，这样的方式方便大家随时进入办公状态。

后来，圣欧斯商会把驻地搬到了卡诺萨城的南部一座废弃的货栈里。那里曾经在半个月内连续遭了两次火灾，迷信的货栈主人想要贱卖这个赤炎星（一颗代表火灾的星

星），但是同样迷信的商人们谁都不愿意出钱买它。

最后，商会会长扬杰雷夫以极低的价格买下了那里。他当然不仅仅是图便宜，那时候扬杰雷夫与卡诺萨市长维达尔正在推行货栈规范化改造，商人们不愿意费心劳力，总是寻找借口拖延。

扬杰雷夫将办公室搬过来之后，每天上班就是逛大街，催着大家改造货栈，如果有人提出什么困难，他当场就找人解决。商会会长亲自上门监工，大家也不好偷懒，拖了一年半的改造更新工作，不到三个月时间就顺利完工，皆大欢喜。

扬杰雷夫对这个货栈办公室十分满意，但是远来的商队们并不苟同。他们需要花费很多精力才能在密密麻麻、弯弯绕绕的货栈区找到商会。节俭的扬杰雷夫会长不肯花钱装修门面，屋里的陈设老旧简陋，各种资料报章随处堆放，一切都让这个商会办公室看上去像个"西贝货"（假货）。

果不其然，一支矮人商队告到了治安队，说扬杰雷夫诈骗。这件事被当成个笑话很快在整个货栈区传开，作为庞加尼家族家主，扬杰雷夫为商会名誉因他受损而大受刺激，据他自己说好几晚都没睡着觉。很快，他便作出了商会搬离"赤炎星"的决定。

这一次，他将商会地址选在了贵族区，正对着内城东门，一眼就能看见王宫的地方。不过在入驻酒会上，大家还是拿这件事开他的玩笑。

商会历史

圣欧斯商会印刷的介绍册子里声称，商会成立至今有近千年的历史，当年重修卡诺萨城，商人们负责提供各项物资，他们一方面殚精竭虑，走遍亚特大陆筹措物资；另一方面选出几位德高望重的代表成立了物资调配处，统一管理和调度物资，配合重修工程的展开，是为圣欧斯商会的前身。

但我在翻阅资料的时候发现，物资调配处是王国的临时机构，那几位商人只是作为供应方受邀参与，资料中还显示，为卡诺萨重建工程提供物资保障的商人们，在工程结束之后一跃成为巨贾。他们当然不会在重建工程上做手脚，但是战争结束，亚特王国建立，人民对阿格里斯王的崇敬如再生父母，打着重建卡诺萨的名义，好处绝不会少。

圣欧斯商会真正成立是在九百多年前的穆兰德时期，当时的国王穆兰德十分厌恶商人偷奸耍滑的行商手段——有传言他小时候在幻兽节上被骗高价买了一颗孵不出来的幻兽蛋——对他们课以名目众多的税金。另外，他还将很多生意收归国有，包括粮食、食盐、魔法植物等，不允许私人交易。很多大商人资产锐减，中小商人几乎无法生存，大家只能抱团自救。商人们集中在风车镇投票成立商会，由当时最大的粮食商、年高德劭的莱辛巴赫担任首任会长，莱辛巴赫提出将商会命名为圣欧斯商会，欧斯是智慧神的名字，他希望在艰难的时期，大家能得到欧斯的庇护，集中智慧，共渡难关。

经过莱辛巴赫的上下斡旋，加上穆兰德国王骤然离世，多项禁商条令被废止，商人们获得了喘息的机会。从此加入圣欧斯商会的商人日渐增多，圣欧斯也成为两百年来最大的商业协会。

商会职能

"沟通、共赢"是圣欧斯商会的口号，目前商会的职责包括：资金融通、交易监督、行商保全、稀有商品拍卖等。

资金融通

商会定期举行募资大会，商会成员在开发新的商业项目遭遇资金问题的时候，允许通过商会募资。大商人们可以挑选和扶助这些新兴项目，当这些项目成功之后，他们会获得相应的回报。当然如果不成功的话，之前投入的钱也无法收回。在募资大会中，商会也会收取一定的佣金。

交易监督

随着十二公国的交通网整修完毕，商人们涉足的地区越来越多，越来越远，商人们去陌生的地方行商骗人和被骗的事情时有发生。为了保证交易双方的合法权益，圣欧斯商会在各处驻点，只要有会员前来求助，他们就为交易双方提供第三方监督，从签订合同开始，到货银两讫，商会跟踪负责到底，有一些怕麻烦的客商会直接拜托商会寻找买家，商会也乐于帮忙，当然商会也会收取一定的佣金。

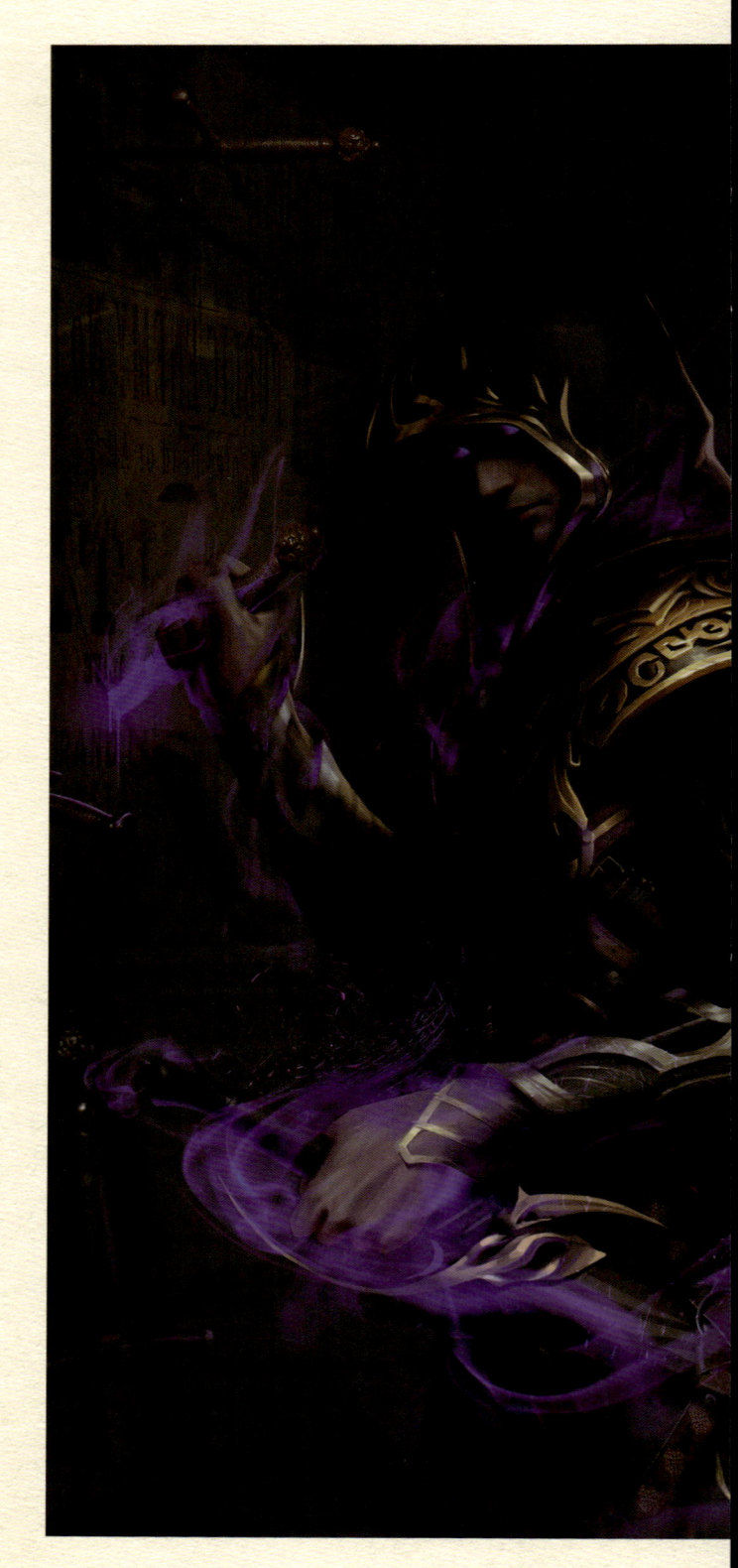

行商保全

大宗商品的长途运输，不时会出现一些意外，商品被抢了，被吃了，被魔族劫走了等。针对这些情况，商会提出了行商保全方案，利用商会驻点沿途对货物进行保护，或者商人可以将货物直接交由商会合作的运输机构来承运。当然，商会会根据保全商品和保全级别收取一定的佣金。

稀有商品拍卖

每年的春秋两季，商会都要举行稀有商品拍卖会，这是贵族和富人们最期待的盛会，也是飞天魔盗团以及其他团伙最"喜欢"的盛会。拍卖会上荟萃珍奇异宝，通常安排在内城的金色大剧院进行。王公贵族和富商们云集于此，是社交以及展示身价的最佳时机。当然这些都与商会无关，商会只需要做好安保措施，并且根据商品的珍贵程度收取佣金即可。即便佣金不菲，加入商会的人依然趋之若鹜。

至于商会会长本人，除了要操心以上的事务，调停大商人之间的纠纷才是最头疼的。扬杰雷夫个子很高，也很胖，说话的时候总是会习惯性地先抿一下嘴，笑起来眯着眼睛，憨厚中透出商人的精明。他看起来比三年前老了许多。"抱歉耽误您的时间，商会的工作真是千头万绪。"他一边领着我们往里走，一边絮絮地说着，一边掏出提神魔药油往额角上抹。他刚刚送走了古吉、葛哥达与噶古的代表。

原本生意互有往来的葛哥达与噶古家族都想争取成为阿育图公国的日用品及学具供应商，为了打倒对方，他们停止了合作，互相掐脖子，最后供应商花落古吉家族，三家人在商会不依不饶地闹了半个月。扬杰雷夫也不着急，给他们在花园安排了住处，陪着打牌、喝酒、骂街，把大家磨得没了脾气。事情没解决，他们只好选择告辞走人。

圣欧斯商会虽然只是个松散的民间机构，但是它能够吸纳大量商人并协调他们的经营，已经是城市之中不可忽视的一方势力。

角斗场

🌸 所处位置

严格意义上来说，角斗场并不在北区，它虽然紧邻辛西娅女子爵的花园，但整体处在中部。不过，鉴于目前进出角斗场的绝大多数是贵族，我们还是将它归入这个区域吧。

🌸 历史

现在已经很少有人知道，在阿格里斯王时期，角斗场曾经被彻底拆除，因为它是魔族占领期建造的。当时魔族将人类和野兽扔进角斗场里，看着他们拼杀取乐。

至于它在什么时候为什么重建，已经无从考了，我只知道在很长的一段时间里，这里是以优雅高尚自居的贵族们消遣娱乐的重要场所，俘获的魔族像当年的人类一样被扔进场地，自相残杀。

这样的娱乐活动一直持续到肯尼迪斯科的某任家主将它买下来为止，此时正当肯尼迪斯科家族的南郊荣誉庄园经营陷入了疲软，肯尼先生试图在角斗场更新娱乐内容，但多次尝试都未成功。雪上加霜的是，第二年，在角斗场举行的魔族角斗引发骚乱，一位公主因此受伤。多方斡旋下，王国还是出台了明文规定，"除非能百分之百保证观者安全"，否则禁止举行魔族角斗。

角斗场的生意一落千丈，就在肯尼一筹莫展的时候，驻扎在角斗场东南不远的王家近卫军首领波尔青来访，希望借用角斗场三天，来进行军事演练，以选拔最优秀的士兵补充进王家亲卫队守卫王宫。肯尼受邀观看军事演练之后，大喜过望，随即与波尔青协商，近卫军可以长期免费使用角斗场，只要他同意向民众开放军事演练，波尔青同意了这个条件。

随后的两天，全城的百姓，无论贵族还

是平民，都涌入角斗场观看士兵们的演练：赛跑、格斗、举铁、射箭，每一项演练都获得了观众的喝彩，演练结束之后，肯尼发现每日的门票金额超过了过去的收益。

但是军事演练隔年才举行一次，肯尼开始考虑在平民中推行类军事演练的比赛，经过多年的经营，目前角斗场已经成为大家喜闻乐见的武技演练竞技场。

不过我听说，依然有人在角斗场中暗地里进行一些不光彩的活动，否则两年前小托里奥男爵的事情就很难解释。库麦尔说，甚至有一些竞技者也会参与其中，操纵比赛结果，在尊严和金钱之间选择后者。

不管怎么说，角斗场的属性在向好的方向发展，魔族还没有完全被消灭，国家需要勇士们时刻保持良好的战斗状态，演练竞技确实是一个值得推广的活动，但前提是必须干净。

另外，库麦尔竟然没有参加演练选拔直接进入内卫……不愧是名剑士拉法尔的弟子。

以上为《四海王典·外城》之章（待续），赫丽一世补撰于卡诺萨外城，青阳旅社。

今天的笔记就先到这里吧。话说回来，我从未想过有朝一日会在这样一个窄小的旅社房间中留宿。门外不时传来喧嚷的声音，住客们在大声说笑，咳嗽，呼唤门房，孩子们呼啸着在走廊奔跑……我打开窗户，初春的风带着一丝暖意涌进房间，月轮的清辉之下，一座尖塔分外清晰，那是王宫东侧的幻兽塔楼。它看上去比过去任何时候都要高大。

楼下的院子里传来人声，是库麦尔，他高声说着话，少有地发了脾气。

啊，他的维拉——那匹黑白相间的马被人偷走了！

我得去看看……

057

让我们来行侠仗义

旧历春月廿九日 晨 多云转晴

第二天一早,我们离开青阳旅社。行走不远忽听一阵斥骂声和惨叫声。诗寇蒂眉头一挑,拉开车门就跳了出去。这个莽撞的姑娘,马车还没停呢!

我下车的时候,看到诗寇蒂正跑向争执中的两个人。说争执也不准确,其实是一名贵族青年用鞭子抽打一个平民。那个平民衣着华丽,倒在地上双手抱头,一边惨叫一边喋喋不休着什么。

"住手!"诗寇蒂冲到那贵族青年面前,"王都之内,你竟敢仗势欺人!"

那贵族青年打量了她两眼,"哼"了一声继续鞭打那平民。诗寇蒂抢步抓住他的手腕,他甩了一下没有甩脱。

"我是拉德男爵!你是谁家的小姐,不要多管闲事!"

"你敢在这里撒野,我就要管!"

那平民翻身坐起。他的衣服被鞭子抽破,脸上的伤口还在滴血。他感激地说:

"总算有人说句公道话了!要不是这位小姐,我非被他打死不可!"

拉德愤愤道:"打死你又怎么样!大不了拿两张牛皮交给那小女王!"

"小女王"是有些大臣和贵族私下里对我的称呼,饱含着对一个少不更事的傀儡统治者的轻蔑。

诗寇蒂眼中射出两道寒光:"你敢对女王不敬,来吧!拔出你的剑,接受我的挑战!"

拉德一声嗤笑:"挑战我?凭什么?你是个骑士吗?"

说着他瞟了一眼库麦尔。库麦尔冷冷看着他:

"请你说明——"

没等库麦尔说完,诗寇蒂已经扑了上去,狠狠一拳打在拉德的肋部。拉德恼羞成怒,拔出剑来砍诗寇蒂。库麦尔一边拔剑一边大声喊道:

"拉德男爵,我来挑战你!"

诗寇蒂的胳膊被划出一条长长的伤口,血滴在粉红色的大理石板上。

库麦尔挡住拉德。没等他说出白银骑士的大名,身后传来一声可怖的怒吼，诗寇蒂从地上抠出一块大理石板向拉德冲去。我素知诗寇蒂力大，却也没想到她竟有千斤之力。那块石板足有我的书桌面大，我看连库麦尔也举不起来，但在诗寇蒂手里，那块石板就像一本薄薄的书册。诗寇蒂挥动石板向拉德拍去，激起狂烈的风。拉德挥剑劈砍，剑被大理石板打飞。拉德只能翻滚、躲避。

库麦尔连忙出手阻止，然而诗寇蒂的进攻锐不可当，库麦尔的剑也差点被击飞。看到这一幕，我不由惊呼出声。诗寇蒂仿佛突然惊醒，回头看了我一眼。我招手让她过来，她扔下石板，气哼哼地回到我身边。

拉德气喘吁吁，惊魂未定。好一会儿他才能讲述事情的缘由。

拉德家族亦曾辉煌，近几十年逐渐败落。作为家主，他无力回天，只能靠出卖祖产度日，家里稍微值点钱的东西已售卖一空。几年前他偶然认识了高利贷商人若斯梯。几年间他数次向若斯梯借钱，到如今本利已相当可观。若斯梯上门催讨，他拿不出钱来还债。若斯梯提议他以祖宅抵债，激怒了拉德男爵。

"这里是什么地方！如果我让他这样一个卑贱的平民住到这里，卡诺萨所有的贵族都会向我吐口水！这种提议是奇耻大辱，我怎么能饶过他！"

"欠债还钱，天经地义！"若斯梯忍着鞭打的痛反驳。

拉德捡起鞭子，看了诗寇蒂一眼，冷冷地说：

"你们是什么人？"

库麦尔正要报出他那个骄傲的名号，我抢在前面说：

"如果不想被治安官带走，你最好马上消失。"

拉德瞪了我一眼，捡回他的剑，

一言不发地走向街边的一所宅子。若斯梯不依不饶：

"干吗不让治安官评评理，王国律法可没规定贵族就可以欠债不还！"

拉德已经走进那宅子，大门砰的一声关上了。我们正要回马车，若斯梯凑了上来：

"承蒙三位仗义相救，请接受我的谢意。"

库麦尔挥了挥手：

"走你的路吧。"

"看样子三位身份尊贵，我没有结交三位的妄念。不过相救之恩，必折现回报。请三位屈尊到舍下，接受微薄的谢礼。"

库麦尔谢绝。若斯梯接下来的话却令我们改变了主意。

"先别忙着回绝，我敢说我的谢礼就算是女王陛下也会动心的，"他凑近了我们，"那是一件无价之宝，甚至可以说是亚特王国的国宝。"

库麦尔停下脚步。若斯梯压低了声音：

"是当年阿格里斯王留下来的神物。这世上的事情没有一件是它不知道的，不管是从前发生的，还是将要发生的。历代国王就是靠它统治整个王国的。"

库麦尔一把抓住他的胳膊：

"是什么样的神物？"

"你看了就知道了——放手啊，疼疼疼疼疼！"

"快说！"

"它是方方正正的，被强大的魔法结界锁着——我只能说这么多了。如果不是你们从那个野蛮的男爵手里救了我，我死也不会透露有关这件国宝的一星半点儿。"

他说的莫非是《四海王典》？莫非它并没有损坏，而是被盗出王宫落入这商人之手？若如此，盗贼必有内应，否则即便有通天盗术也不可能把王典盗走而不惊动任何人。

库麦尔看看我，我微微点头。虽心有疑惑，还是要看看才安心。

"请跟我来吧。"

若斯梯上了一辆装饰华丽的马车，我们乘车跟在后面。转过一个弯我察觉到这是去城东的路。库麦尔追上去和若斯梯说了几句话，返回来说：

"他要去城东和城西收两笔债，然后再带我们去他家。"

呃，我们的行侠仗义好像过于盲目

旧历春月廿九日 午后 晴转多云

一路走来，我心思飘忽不定，不觉已到了城东。

东寒——军营

卡诺萨建城早期军队在城内、城外都有驻扎。灭世之爆后，内城渐渐被王亲贵族填满，军队除国王的亲卫外其余迁出内城。城北有绝望之海，城西是阿特拉斯断裂山，最初军营设在外城的城东和城南。随着贸易不断兴盛，城南兴建了越来越多的货栈，几乎把军营围在中间。泰林王时期，军营都集中到城东，城南只留下少量警戒部队。

驻扎在城东的王家近卫军负责卡诺萨的城防。很多没有爵位的贵族子弟加入近卫军，以图建功封爵。

兵营由营区和家属区两部分构成。营区又分训练场、营房、伙房、库房、马厩等。军队一向崇尚"黑铁的颜色"，因此营区建筑以黑色为主色调。营区的建筑以石、木为主。曾有人提出，为了防火最好采用镔铁木，另外，近卫军司令官波尔青公爵也请随军法师康多布了个防火法阵。

营房分步兵营房和骑兵营房。每间步兵营房内有两排通铺，可睡50个人；每间骑兵营房睡10个人，每人有单独的床铺。

训练场也分为骑兵训练场和步兵训练场。

若斯梯是军营的常客，守营的士兵问了他几句便放我们进去。有人认出了库麦尔，露出惊喜的神情。库麦尔连忙做手势制止他出声。

"你最好戴上面纱，就像我姐姐一样。"诗寇蒂低声说。

库麦尔不理会诗寇蒂的戏谑。这次出行他没有穿画着白银骑士徽记的盔甲，连盾牌都换成了没画纹章的素面盾，但他那张脸太招摇，如果他被人认出来，便不难猜到我的身份。库麦尔低下头，再抬起头时我"哈"地笑出声，诗寇蒂更是笑得伏在我的膝头直不起腰。

库麦尔唇上贴了两撇小胡子。他尴尬地皱着眉：

营区共有三个骑兵训练场，其中，两个大的是硬泥地，用石滚子反复碾轧出来，还要经常加土平整；另外一个小些的是泥地，用来训练骑士们雨天作战的能力。

骑兵训练场的旁边就是马厩。通常，骑士们上午练习骑术，骑马跨越障碍、水坑、泥坑，有时还会演练穿越火场；下午则练习格斗。训练场上挂了许多靶子供长枪训练，靶子附有简单的魔法效果，在骑士靠近它的时候会躲闪、撞击。库麦尔说过，刚开始长枪训练的时候，很少有人能躲过魔法枪靶的撞击，而他就是这少数人中的一个。

长枪训练之后会进行剑术训练。剑术训练分组进行，见习骑士们用木剑，正式骑士用真剑。之后，骑士们还会练习战斧、钉斗锤或者匕首。

步兵训练场有五个，三大两小，其中一个也是泥场；此外还有一个弓箭手专用的训练场。这个训练场设置了各种箭靶，有五十步靶、百步靶和超远靶。有些箭靶挂在树上或者杆子上，神箭手们喜欢在起风时射击随风摇摆的箭靶。

步兵的训练内容有：使用长柄的矛和戟对抗骑兵，用刀或斧等近身格斗术以及队列和阵形。

伙房设在训练场和营房之间。厨师们经常会在食物中加入魔物以增加士兵们的体力、敏捷度和耐力。

以上为《四海王典·外城》之章（待续），赫丽一世补撰于卡诺萨去城东的马车里。

"我……我有一个熟人，是个演戏的……"

若斯梯直奔伙房。他要找的是赛克费尔骑士，赛克费尔骑士没钱还债，打算用祖传的一套附魔盔甲抵债。库麦尔对一名骑士沦落至此感到愤懑，可惜他身上也拿不出一笔上百个的金剑币。好在赛克费尔的同伴看不过去，一起凑钱替他还了债。眼看到手的附魔盔甲就这么飞了，若斯梯拉长了脸。

赛克费尔兴高采烈地请伙伴们去他家喝酒。我这才知道，原来军营里还有家属区。

营地西边是家属区。已婚的士兵和军官们把他们的妻儿也带到了军营，王国为他们建造了简单的居所。军官们往往是贵族子弟出身，有的甚至还有爵位。他们的居所要大一些，有两到三个房间，通常有一两名仆役照顾他们的生活；士兵的居所要小一半，只有一个房间。军官们可以每天都回家属区过夜，士兵们则每十天才能回家一次。

家属区里有一个特殊的地方，也是军营唯一一座三层高的建筑，那就是法师楼，随军魔法师康多和他的两个学徒住在那儿。

法师楼完全是用石块砌筑的。第一层是他们配制魔药的工作室，第二层是两个学徒胡里米亚斯和萨扎的卧室，法师康多住第三层。

康多平时并不露面，胡里米亚斯和萨扎时常到训练场转转，为受伤的人施法治疗。士兵们总怂恿他们放个大火球来看看，他们一直说老师不允许。康多本人偶尔会外出去拜访近卫军司令官波尔青公爵，或者去法师塔向他的老师崔尔登大法师请教问题。

近卫军的司令官波尔青公爵年届五十，年轻时守庇护山防线，中年时调到近卫军任骑士军军长。七年前魔族进犯，他的骑士军趁夜冒充全军佯动，吸引了魔族大部分兵力，主力军发动突袭暂时击退了魔族。战后他接替年迈的约克司令官担任近卫军的最高指挥。

波尔青孔武有力，使用的铁杆长枪即使附魔减重也比一般的枪沉重。在训练场上，他曾用那杆长枪一枪刺透四层甲；他使用的剑也比别人宽二指，是王国少有的阔剑大师。

卡诺萨的夏天虽然热但多雨，总的来说很凉爽；冬天雪狼冰原的劲风吹过绝望之海扑向卡诺萨，城东军营首当其冲。北风带来降雪，深可及膝。在王宫或者贵族、富商的府邸烧炭或者请魔法师布阵取暖，军营却没有任何取暖手段。军队历来认为，寒冷的天气能锻炼军人的意志，因此营房中不许生火。波尔青司令官更是喜欢在大雪天让全员训练，因为激烈的训练会让人浑身发热，自然就不冷了。

家属区并不禁止生火。但军官们要表现自己强悍，因此除孩子住的房间外也不放炭盆。士兵们付不起卡诺萨高昂的炭价，索性以军官为榜样硬撑。好在他们不吃生食，做饭的时候还是可以烧木柴的。市井戏言说，判断一个军人的妻子是否爱她的丈夫，只要看她在丈夫回来前做饭还是在丈夫回来之后做饭就可以了。

虽然学者们考证说卡诺萨人常洗澡的习惯起源于军队，但军营中没有浴池。想洗澡等天下雨的时候出去淋个透就是了。冬天就用雪擦身，也是磨炼意志的训练。

比起卡诺萨居民区，军营的冬天寒气袭人。加上军营本身就有一股肃杀之气，因此人们在提到卡诺萨城东时，用一个"寒"字概括。

以上为《四海王典·外城》之章（待续），赫丽一世补撰于卡诺萨城东军营。

离开军营，我们跟着若斯梯到了城西。

西暖——八学院

第二创世纪曾经有过一段学术畸形发展时期，吸引了大量学者，弄了不少没用的学问。有些学者反对这种学风，被排斥在学界之外，他们的著作也进不了阿育图大图书馆。他们索性自立门户，在战火纷飞的亚特大陆寻找一方可以静心研究学问的净土。

庇护隆起，亚特王国建立之后，他们逐渐安定下来。那时候他们愿意在僻静之处做学问，不打算进入大城市。灭世之爆中有几位大学者不幸身故，幸存者也听说灭世之爆中王宫安然无恙是天佑亚特的征兆，于是纷纷来到卡诺萨寻求发展。

只是他们迟了不止一步。卡诺萨内城渐渐被贵族们填满，城北已经有了王国设立的纳邦德尔研修院。这些各地来的学者名头甚响，国王也有意让纳邦德尔研修院吸纳他们。不巧的是王国的学者分为三派，主导纳邦德尔研修院的是甘莫吞派，外来学者们分属科尔泰、怀安布派。三派学者就没办法平和地坐在一起。说不清是主大欺客，还是客大欺主，三派学者短暂共处之后，科尔泰和怀安布两派愤然离开学院，另开山头。

好在他们得到了一些贵族们的资助，可以在卡诺萨租房建院，大开山门。三派宿怨难消吵吵闹闹几百年。我祖父在位时在城西划了块地，让科尔泰、怀安布两派集中起来

若斯梯要找的是英格学院的数学家佩科卡本茨。这位老学究二话不说，让学生把他包括当季皮袍在内的一堆衣物和两个金质墨水瓶都拿去典当还债。

等待学生拿钱回来的时间，我们去弗南学院看了一场"阿特拉斯优胜赛"的学院选拔赛。

弗南学院里人山人海，这次比赛

迁过去。祖父的意思是城西远离世俗富贵，学者们可以专心于学术，学子们也可以专心于学业。

城西是外城最荒僻的地方，无人愿意居住。传说城西地下埋着一头巨大的火系魔物，不定何时就会钻出地面，焚毁一切。其依据是那一带的地面总是温热的，冬季落下的雪很快就会融化。

这也是城西占了一个"暖"字的原因。

他们闹着不肯搬迁，奈何王命难违，只得收拾家业西去。

如今城西建了8座学院，分属两派。学院格局方方正正，使用的都是石料。学院有一座主楼，三座学科楼，两座宿舍楼。学生来自亚特王国各地，也有其他公国、其他种族的学生。学院对他们一视同仁，收的学费都是一样的。

到我登基的时候，八大学院一共有249名学者和5001名学生在册。

八大学院教授的课程不同，各有擅长。英格学院以数学闻名，好多毕业生都被抢去做簿记官；弗南学院的博物学天下第一，连纳邦德尔研修院都承认最好的博物学者在弗南。

其他学院闻名的学科是：

西里尔学院——占星

曼犹达学院——医学

佐尔格学院——炼金

哈恰学院——农学

里杰吞学院——格致

斯文支学院——兵学

常言说"文无第一"，可是两派非要争出个第一不可。每年夏天两大学派要举办一次"阿特拉斯优胜赛"，派出最优秀的学生竞争12门学问的优胜。纳邦德尔研修院不屑于赛事背后的商业目的，从不参与。

是由今年最优等的毕业生，我的堂叔伊利法大公组织的。我听到大家对选拔赛组织者的称赞，不但把大会赛程安排得井井有条，连赛场环境都布置得优雅得宜，各处都装点着美丽的鲜花。我得把这些评价都记下来，转告给伊利法堂叔。

比赛时间将近，我们跟随大家向

比赛会场走去，突然间，诗寇蒂轻轻拉了拉我的手，"你听，是不是有什么奇怪的声音？"

果然，有个细碎的声音在我耳边响起，它们竟像是从四周的花朵中发出来的。

是魔法？

很快，大家都听清了花里的声音，那是两个男人的对话，里面涉及今天初选赛的考题。事情随即传遍了整个学院区，弗南学院最后决定退出今年的阿特拉斯优胜赛。

伊利法堂叔作为组织者难辞其咎，当他站在主席台上含泪向大家鞠躬致歉时，我感觉心都要碎了。我和诗寇蒂避开众人前往休息室见到了沮丧的伊利法堂叔。

显然，这次的事件对我年轻的堂叔打击太大，当我们遮遮掩掩突然出现时，他甚至都没多问一句，只自顾自地不停哀叹。

"……我让王族和学院蒙羞了。"他懊恼地对我说。

"叹气有什么用？你这个人真没劲！"诗寇蒂抓起桌上的果子咬了一口，不客气地说道，"换成是我，一定要把那个卖题目的人找出来，痛打一顿，挂在学院的旗杆上示众！"

伊利法堂叔头一次露出惊异的表情。我以为他终于想起来，打算问一问为什么我不在大王宫，结果他只是抬起头，看着依然满不在乎地吃水果的小姑娘。

"这就是诗寇蒂，您应该听说过她。"我介绍道。

"是的是的。"伊利法堂叔点了点头，他上下打量着诗寇蒂，甚至忘了他正在与我交谈。我当然不会责怪他，因为我相信，在他的生活中，从未遇到过像诗寇蒂这样说话"直截了当"的女孩子，他需要时间适应。

"我的主意怎么样？"诗寇蒂挑衅般地问道。

"好极了！"他哈哈大笑。

告别了伊利法堂叔，我们和库麦尔一起回英格学院找若斯梯，路过学院的马厩时，库麦尔看见了维拉，那匹黑白相间的马被拴在了马厩中央。又见到主人，维拉兴奋得四蹄蹬踏。

库麦尔也很高兴，只是还没高兴到忽略马厩角落里的暗影。他一剑挑落了那人的帽子和面纱，那竟是斯蒂夫，哦不，应该说是斯蒂芬妮，从她现在的身形打扮来看，显然，她从一开始，就女扮男装蒙骗我们。

斯蒂芬妮解释说她是弗南学院的学生，为了赶上学校的选拔赛不得已才"借用"维拉。

"不告而取，怎么能算借？！"

"我写了借条，就塞在另外一匹马的马鞍子底下！"斯蒂芬妮叫道。

"还在胡说！"库麦尔怒火升腾，他毫不客气地拧住斯蒂芬妮的胳膊，"跟我去治安队。"

"治安队又怎么样？像我这样有头有脸的贵族小姐，会偷你的马？"斯蒂芬妮毫不示弱地说，"倒是你，一个平民，看起来更像偷马贼！"

"你！！"库麦尔猛地举起了拳头。他涨红了脸，好不容易才克制住将拳头落在斯蒂芬妮身上的冲动，一拳砸向了身边的拴马桩，木屑四溅。

斯蒂芬妮吓了一跳，她沉默了一会儿，轻声道了歉："对不起，我很抱歉。"

"库麦尔，"我示意他放开斯蒂芬妮，"既然马找回来了，我们不要再惹麻烦。"

我知道库麦尔心有不甘，但是秘密出宫的事情最好还是别让太多人知道。

我们找到若斯梯，若斯梯问我们怎么这么快就回来了。我们约略说了一下，他说，选拔赛观赏性一般，正式的优胜赛才叫好看。

优胜赛是公开的赛事，由索文首相主持，在卡诺萨最大的市民广场举办。八大学院的学生、卡诺萨市民和各大贵族甚至宫相都会来观赛。

　　比赛的题目是八家学院共同拟定的，出题的学者必须接受魔法师的"遗忘咒"，忘掉自己出了什么题。有时候出点岔子，顺便也忘了点别的事情。

　　"优胜赛"长达四天，每天赛完三门。第一天赛占星、地志、博物，第二天赛数学、文法、格致，第三天赛炼金、医学、农学，第四天赛兵学、法学、幻兽学。比赛时每个学院出五名代表，两两捉对厮杀，哪个学院先胜三场便晋级下一轮。全部比赛结束后，36名优胜者手捧奖杯坐马车在卡诺萨巡游，人人争睹。

　　每次优胜赛都是两大学派之间的较量。比赛的胜负影响着学派的声誉，影响着王国优秀青年学子的流向。

　　比赛的优胜者固然获得荣誉、奖金，还有爱慕，失败者也并不失意，只要表现优异，即使没有获胜也会被某个贵族看中，在毕业前就把他收入麾下。

　　以上为《四海王典·外城》之章（待续），赫丽一世补撰于英格、弗南学院。

今日的见闻令我不得不感叹，卡诺萨真是个大城市；我们这么城东城西跑了一趟，就到了天黑的时候。若斯梯又发现了什么商机，跑去谈生意。他让我们明天下午到他家就可以。他家在城南的新金匠街，打听若斯梯家谁都知道。

南富——商人居住区

卡诺萨外城的南城门经过三次扩建。建城之初它高而窄，多数时间吊桥高挑，守卫森严。灭世之爆后大量商人、行会云集卡诺萨，这道城门经常挤满了大车，加之需要入城检查，人们有时要等上一天才能入城。于是阿格里斯王下令拓宽城门。

几十年后，亚特王国出产的粮食从南城门运往亚特大陆各地，来自亚特大陆各地的货物也经过南城门销往亚特王国，城门第二次拓宽，吊桥常落不升。

第三次扩建是五百年前泰林王时期的事。原因很简单，泰林王嫌城门太窄，不够气派。这倒和他改造王宫的理念一致。

近千年来，卡诺萨南城成了王国贸易的枢纽，也造就了大批富可敌国的巨商。

王国贸易枢纽

卡诺萨的大宗贸易会集中在南城，是因为卡诺萨城的北面是绝望之海，西面是阿特拉斯断裂山，东边又是尘硝矿井所在的丘陵地带。只有南边是一望无际的平原，有宽阔平坦的大路通到平原各处。

亚特王国出售的主要货物是粮食。在卡

诺萨南城耸立着8个巨大的砖木结构的圆形建筑。那是王国的国家粮仓，存放从亚特王国征收的粮食。这些粮食由农民提交作为地租。除供应卡诺萨之外，存粮必须要始终保证够全国吃一年，其余粮食则卖给亚特大陆的诸多公国。

在王国粮仓周围，则是几十座货栈。早年这些货栈是由行走大陆的商人们建的，大小不一，显得杂乱无章。后来卡诺萨市市长和圣欧斯商会协商，各类货栈都建成统一的样式、大小，并以颜色区分货物类别。每家货栈外都有堆场和客店，于是出现了专门经营货栈的栈商。

远来的商人住下后，往往要花上几天时间点货收账。他们要走很远的路才能找到酒馆之类的场所放松休闲。于是栈商们在每十个货栈附近建一个商铺区招待远客。他们给商铺区取了些浮夸的名字，什么"魔石之海""巨龙岩穴""极乐山"等。商铺区有酒家、饭馆、裁缝铺、成衣店、器物店等，近年来又因为挖出了温泉，增加了澡堂。

整个货栈区还有两家剧院，天天都有当红的戏班子、马戏团演出，歌手、乐师驻场。我最喜欢的精灵魔琴手唐多·湖心草经常在那儿表演。

近些年，栈商中又分出一批人，专门经营商铺区，称为铺商。栈商和铺商很快就发了财，不过赚钱最多的，还是行走大陆的商人们。

货栈里有两大类货品，一类是从卡诺萨出发行销到整个大陆的，一类是大陆各处运到卡诺萨的。

从卡诺萨出发的商队用的是矮壮的驮马。它们背着沉重的货包，货包里主要是粮食。粮食是从王国粮仓买出来的，价格受库存量和当年气候的影响。如果当年有大面积灾害，王国会把更多的粮食存起来，供出售的粮食变少，价格会升高。

粮食的主要买家是雪狼冰原上的布利迪罗尔公国、庇护山东边的西望公国、雷鸣大陆南部的阿育图公国和以娱乐业建国的却霜公国。除西望公国可以部分满足自己的粮食需求外，其他地方的粮食供应全靠卡诺萨。

除粮食外，货包里还有腌肉、盐、鱼干等特产。其中价格最高的是用魔物做的各种调料。王国之外的地方虽然还不太时兴吃魔物，但用魔物制作的调味品却越来越受欢迎，特别是亚维特群岛上的费尔比公国，需求量逐年上升甚至翻倍。

这些货品是由数量众多的小批发商或者游商收购的。类似魔物调料这样的俏货往往被栈商收了，凑成批再卖给大批发商。大批发商同时经营着数支商队，商队主要成员来自自己的家族，其他人员如向导、搬运工、医生和保镖都是雇佣的。

商队出了南城门，千里迢迢分赴亚特大陆各处贩卖货物。回来时货包里装着雪狼冰原的毛皮，矮人打造的武器，地精制造的各种精巧玩意儿。而金剑币被巧妙地藏在马鞍里、货包里，或者在当地罗兰特芬特家的钱庄兑换成带有魔法防伪效果的提款凭证"罗氏牒"。

而来自亚特大陆各地的商队使用的有驮马，有驮牛，但塞思特里亚公国用的是魔石驱动的机关兽，纳谢科公国用的则是巨型蚂蚁、甲虫一类的催化驮兽。穿过南城门后，商人们熟练地来到不同的货栈卸货入库，然后就近住下。很快就会有本地商人上门和他谈生意。如果货品质量好又易保存，栈商会自己先吃下来；如果谈不拢，货主再去找批发商。谈好价格后，货主和批发商在货栈交割，很快货物会被轻便马车送到阿格里斯集、华美集以及各个商铺，直到出现在卡诺萨居民的家里和手上。

货栈一带的路用厚厚的碎石铺砌，可并排通过两辆大型货车。因常年被重载货车碾轧，路面到处都是深深的辙印。每隔几年，圣欧斯商会都要整修一下，费用由货栈老板们平摊。

大富之家

卡诺萨的富商们住在货栈区的北面。他们的房屋并不高大，用料却比贵族甚至王宫更加讲究。房子以砖木为主，木料是从西簏山脉、雪狼冰原南部山脉甚至自然女神之怒半岛运来的。他们最喜欢镔铁木。这种木料坚硬如铁，用普通的斧锯无法采伐，只能使用施加了魔法的工具或者矮人们打造的特制用具。除了坚硬之外，镔铁木极难点燃。富商们用它来铺地，制作门窗家具；镶嵌在房屋表面上的石板则来自迷梦沼泽附近的山脉。这些石材色彩艳丽，阳光照在上面，颜色会随之发生变化，有如水波漫过。

房子通常是二层最多三层的小楼，往往建在雅致的院子里。院中有花园、风致园、奇观园等；园中有假山、池塘或小溪、花海、雾海等景致。卡诺萨三大富商之一的庞加尼家园子里有一个瀑布，水流一泻而下落入水潭，接着从瀑布下的水潭中飞溅逆冲上天散成一道长虹。显然，有个高阶魔法师给他家布了一个法阵。法阵本身价格不菲，这道瀑布挂在那里，一年下来也不知要花掉多少金剑币。

富商区的街道也是用碎石铺的，但一直保持宽阔平坦。家门前的街道是富商们的脸面，无需商会或卡诺萨市长督促，他们会主动出钱养护。如果谁家门前的道路不平整，被嘲笑倒在其次，要是被人认为家里经营出了问题，连修路的钱都拿不出来，就会影响声誉了。

富商们很喜欢举办各种形式的宴会。宴会也是他们互相攀比、暗中较量的场合。攀比的内容除了花费钱财多少，还有布置精巧与否、乐师歌手的名气大小、贵宾身份高低以及魔法菜的好坏。庞加尼家特别偏爱魔法菜。有一回他家宴请，迟迟不上主菜，宾客开始抗议。他故作为难地表示做主菜的牛跑了，厨师正在想办法。这时一群牛羊猪鸡之类从外面跑进宴会厅，厨师们举着菜刀在后面追。那头公牛浑身是血，一下子跳到餐桌中央，吓得客人们赶紧往桌子底下钻。庞加尼打了个响指，大厅里顿时腾起一阵白烟，白烟散后所有的牲畜都不见了，桌子中央出现一头烤全牛。剖开牛肚子，里面有一只烤猪，烤猪的肚子里有只烤羊，烤羊肚子里是一只烤鹅，烤鹅肚子里是烤鸡，烤鸡肚里是烤鸽子，烤鸽子肚子里是一块李子大小的红宝石。庞加尼把红宝石献给当天的主宾，赢得一片喝彩。

卡诺萨城南聚集了亚特王国平民中最富有的一群。人们在提到城南时，用一个"富"字概括再合适不过。

以上为《四海王典·外城》之章（续完），赫丽一世补撰于马车中。

今晚我们借宿在库麦尔的家中，库麦尔叔叔是个铁匠，在"铁匠街"有一所房子。我们的来访，让库麦尔姐姐感到措手不及，她不停地向我们道歉，说铁匠铺的简陋招待实在是太失礼数。为了让她不至于太过焦虑，我请她带着我们去四周转转，自从嫁给库麦尔叔叔之后，她就一直住在这里，想要了解"真正的卡诺萨"，她是最好的向导。

THE CIVIC LIFE CRONUA

第三章
真正的卡诺萨
—— 市民生活

一个典型的卡诺萨市民家庭，由夫妻二人及他们的孩子组成。

民居

卡诺萨中部城区被称为"真正的卡诺萨",常住人口皆为各种族的平民。他们当中的一小部分兼具农民身份,在城外的乡村拥有田产;其余的大部分则是纯粹的市民,在城里的一座住房,往往是他们唯一的不动产。

典型的卡诺萨民居是二层高的砖木建筑,一家一栋。房屋通常搭建在高出地面半人高左右的地基上,通过一段五级的入口石台阶才能进入屋内。

之所以这样建造,是因为这座城市濒临大海,夏秋多雨。每当大雨来临,城市道路往往发生短时积水现象。虽然卡诺萨的降雨时间通常很短,城市的排水系统也能较快速地排泄积水,但在下雨时让水涌入家中,毕竟不妙。因此,民居都采取了这种五阶入户的高地基形制,城内的营造工匠都严格按照这种传统标准来建造。

如此营造的好处之一是,这让自发形成的民居构成了一种默契。最近二百余年都城平民区人口暴增,新老市民们不停地盖房安居,这里已经不剩一块闲置土地。横七竖八的民房往往容易让人迷路,尤其是城市街巷中的外乡人,然而,众多民居高度一样、屋顶一致,却令俯瞰的视野还算美观。每当我在王宫立窗向外眺望,总会感到悦目。

目前还不够完美的是,民居房顶的颜色过于冗杂。两年前我曾动议,下旨规定全城民居房顶的颜色须漆成三种彼此和谐的色调。但在当时,索文首相以此项工程并非急务,王国正处于虚弱之际为由,建议暂缓,我便同意将此事按下。现在我已经亲政,以后机会合适时我就把这件事办了。我想可以动用国库盈余补贴市民以完成房顶改造,尽量不去增加他们的负担,还能为城里的瓦匠与粉刷匠提供活计,增加收入。这应该是一件好事。

此番实地游历城内平民区我才发现,这种有趣的二层民居外表小巧,内部结构却很实用。

登上石阶梯进入房屋后你会发现,民居的一层中间是简约的方形厅室。它既是客厅,又兼具餐厅功能。大一些的房屋会在客厅的一半摆放固定的餐桌,通过餐桌椅子数量,你就可以一眼判断出这个家里有几口人。

这间厅室的四周分布着几个小房间，分别是厨房、卫生间和家用储藏室。通过一个窄小而陡峭的木制楼梯可以上到房屋的第二层，这里是全家人的卧室。由于各家房屋大小不同，第二层可以容纳2至4间卧室。卧室里能够摆放一张床和一个衣柜。

坦白说，我有点惊讶于这么小的房屋内部竟然如此五脏俱全，完全可以满足一家数口人的几乎全部生活起居需求。在我们的王宫，使用百倍于此的占地面积，恐怕也达不到一半的功能。看过真正的卡诺萨民居后，我对"幸福"二字的定义似乎又有了新的理解。愿我的国民皆得幸福。

卡诺萨人家

一个典型的卡诺萨市民家庭，由夫妻二人及他们的孩子组成。卡诺萨人的家庭内部关系非常紧密，这一点正如我们王族本身。通常，即便在父母二人年老后，他们也会选择与其中一个子女长期居住在一起，大多数情况下陪伴父母并继承祖屋产权的人为长男，少数情况下也有其他子女负责继承。我听说在一些侨居卡诺萨的矮人族裔当中，流行的传统是幼子继承制，这与我们人类的习惯相反。

据市政厅统计，在我即位初年，卡诺萨市民平均每个家庭的子女个数为4至5人。我们是崇尚多子的种族，据说在亚特王国的广大农村也是如此，人们通常认为孩子越多家庭越兴旺。是否真是如此，这一点有待我日后的游历来亲自证实。

我关注多子观念问题是源于亚特王国的人口膨胀问题，早在5岁左右，我就见过父王为此与御前大臣长时间地开会，大家都对此表示忧心。以卡诺萨城为例，近二百年来大体承平时期，城市人口已经暴增了两倍，据说这令原本的城市建筑和卡诺萨堡小平原的自然资源都捉襟见肘起来。

目前在王城普通市民家庭里，父母二人的治家权力是对等的，谁的性格更合适就由谁来做决定，这似乎或多或少受到了我父王和母后这对王国模范夫妻的影响。据闻，来自王国西南地区的移民还带着他们原本老家的浓厚风俗，多数是主妇当家，丈夫负责听令和完成家里的重体力工作。

而一个市民家庭最大的政务莫过于子女们的婚姻大事。亚特王国的法律与风俗对联姻事宜都有具体的规范，结婚对象、结婚年龄和结婚条件主要听从父母的安排与决定。市民阶层通常允许已达到婚配年龄的子女自由外出参加以相亲为目的的社交活动，让子女自行物色潜在结婚对象。但子女们物色到的对象必须在双方意愿充分的基础上带回家里给父母面试，父母将从子女带回的众多对象当中选择他们最终的配偶。

二百余年前由于战争，王国一度处于人口紧缺状态，当时的先王曾颁布法律强制要求平民男女在16岁前完成婚配；后来的时间里王国较长久地处于承平，人口爆炸问题在以王城为代表的各大城市开始凸显，五十余年前王国又颁布了新修法律，规定平民子女年满18岁后才可以开始议婚。在这种新的法律引导下，一向开王国风气之先的卡诺萨市民逐渐改变着他们的习俗。

目前的风俗是城中平民阶层之间以相亲为目的的社交舞会，只接待18岁以上的单身成年男女。同一时期在贵族阶层当中，可以出席异性社交活动的年龄起点是15岁，对王族来说是男子12岁、女子10岁。我本人在11岁时就参加了第一次的女王相亲舞会，那次舞会相当失败，不堪回首。

市民职业之手工业

如上所述,卡诺萨市民大部分不事农耕。他们主要的收入来自三大类的城市职业:手工业、商业和服务业。其中的服务业即给王宫和贵族成员们提供生活服务。在这一章节我将着重记录市民手工业和商业的情况。

手工业是亚特王国除农业外的第二大支柱产业,发达的手工业不仅满足臣民们日常的生活需求,也为军队提供强大的物资后盾。工匠是王国手工业的灵魂,除了人类工匠外,精灵、矮人与侏儒工匠也聚集在卡诺萨城,几乎每天都有新奇的产品面世。

工匠们的作坊集中在城中繁华地区"力量街"。它实际上是一个大的街区,由"铁匠街""皮匠街""奇巧街""染织街"等大小干道组成,街巷交织呈蛛网状。同行业的手工业作坊通常集中在一条街上,前厂后屋。坊主全家居住于其中。有些工匠来自异种族,在卡城之内没有购买或建造住房,他们会长期住在行会提供的公共旅馆,并租用其他工匠的现成铺子,搭伙经营。

除了以制造生产、生活、战争用品为主的普通手工业者以外,城中还有一类特殊的"魔法手工业者"。这类匠人拥有通过道具有限度施法的能力,但称不上是"魔法师"。主要有以下几种:

附魔匠:为武人冒险者们服务,在武器上雕刻魔法阵并镶嵌魔石,使武器的某项能力增强,或添加新的能力。比如加强盾牌的硬度,延长其耐久度,或使长剑的表面附着毒性,其造成的伤口会使敌人中毒。

炼宝匠:在使用特殊材料制造的物品上雕刻魔法阵并镶嵌魔石,使该物品具有某种特定功能。由于工艺昂贵,服务的顾客非富即贵。比如使石板具有加热功能,在烹饪中替代火源使用;使扇子打开后自动吹拂凉风。

草药炼金匠:将魔物、草药与矿物混合,经由特定法阵炼制,制造拥有不同功能的炼金液体。比如喝下后可以短暂提高体温的抗寒药;只需一滴就可以洁净全身的皂油;涂在铁器上可以让其变脆断裂的开锁液。

幻景匠:在魔石上雕刻魔法阵,使魔石产生某种特定视觉效果。用这些魔石可以制造能让头上开满鲜花的发卡,或变换出不同字体与效果的招牌等。

魔法手工业者一般会使用普通手工业

者生产出的物品作为基础来进行改造，比如附魔匠使用铁匠打造出来的长剑进行附魔，而炼宝匠会使用织染匠的纺织品进行炼制。魔法手工业者制造的物品一般价格昂贵，只有富商、贵族、王族会购买与使用，以普通市民的收入来说则堪称天价。所以卡城中的魔法手工业者人数不多，但他们制造的价值却不少，根据市政税务所的统计，魔工税收约占手工业总税收的近一半。

手工业者大部分常驻在卡诺萨城中，少部分则喜欢充当行脚游商，在各个城镇乡村间旅行，将来自卡城的最新鲜产品带到王国的各个角落。

写到这里要休息一下。库麦尔婶婶要带我们去附近的阿格里斯集，这是卡诺萨城平民区最早，也是最大的集市。回来之后我可以继续写卡诺萨的商业。

以上为《四海王典·真正的卡诺萨》之章（待续），赫丽一世补撰于卡诺萨城库麦尔家。

城市商业

卡诺萨城的平民区内有两个大的集市——阿格里斯集与华美集。根据王城法律，城中发生的所有农产品、耐用手工业品和外贸奇珍交易必须在这两个集市当中进行，在集市外私下交易是违法行为，一旦被查处将会由税务所进行罚款并由治安队进行拘禁处罚。

阿格里斯集历史悠久，早在阿格里斯先王创建卡诺萨王城的时代就已滥觞。当初亚特大陆各公国来到王城献贡时，此地作为贡品陈列处。在长达数百年的时间里，这里都是卡城之内唯一的大集市。现在它成为专门交

傍晚时分，学堂散学的钟声响了起来。不多时，就见一群孩子从不远处的小巷中蜂拥而出，他们奔跑追逐打闹，呼啸着往家的方向四散飞去。库麦尔婶婶指着库麦尔，笑着对我们说："别看他现在是什么白银骑士，小

易王国内部物产和卡城手工业制品的场所。

王国的广大乡村一年四季出产农作物，其中的三成归农民和村镇自留，剩下七成都用来供应各城市与其他公国。这当中除了以租税形式上缴国库和领主私库之外，其余产物全部流入市场。而在卡城阿格里斯集进行交易的量高达一半。

卡城出产的各类手工业制品，大至车船、农具、生产器械，小至布匹与衣履，也按规定在阿格里斯集进行交易。城中力量街的工坊制造的产品必须通过集市内门市或摊位进行大批量贩售，一般不允许作坊直接销售。这其中管理最为严格的是武器，在阿格里斯集的兵武专区之外进行任何形式的武器交易，都将被视为严重违法。

阿格里斯集形成大约四百年后，卡城平民区的东南腹地才诞生了第二座大集市——"华美集"，其名称来自于当时著名的"商人王子"华美亲王。华美集逐渐分担了阿格里斯集一半的交易量。现如今，这里是亚特王国与旗下十二大公国之间进行商品贸易的专门场所。卡城市民也分别将华美集与阿格里斯集简称为"外大集"与"内大集"。

来自各公国的物产与王国内部的商品有明显不同。十二公国各自独特的气候、种族、地理环境为它们带来了奇珍异宝；另外，还有一些带有异族文化特色的奇特造物。亚特王国的臣民们很喜欢这些外贸货品，尤其是从亚维特群岛舶来的物品，在华美集上一向非常抢手。

除此以外，你当然也可以在集市上找到魔法物品，包括古老的魔法书、秘咒卷轴等。这些奇物的交易分散在两个集市当中，但真假难辨，买定离手。

两大集市之外，众多街头店铺散布于居民区。它们售卖市民日常所需的新鲜蔬菜水果、熟食、简单生活消耗品。

卡诺萨市政税务所负责全城所有商业交易的税收。两大集市上农业品交易税率为十税一，手工制品为十税二，外贸奇货十税三，魔法物品十税五，交易税由卖家承担。居民区的食品铺子和日常杂货店享受优惠税，每年固定上税2%即可，交易税由店主承担。

以上为《四海王典·真正的卡诺萨》之（待续），赫丽一世补撰于卡诺萨城库麦尔家。

时候也跟他们一样，爱逃课！"

库麦尔窘得溜走了。我和诗寇幕笑得前仰后合。笑过之后不妨记录卡诺萨市民接受教育的情况。

081

教育

基础教育

亚特王国建国伊始，为了解开人民的疑虑和恐惧，艾雷侯爵提出以教育振奋人心的建议，冲破重重难关建成了纳邦德尔研修院。

随后，在阿格里斯的提议下，卡诺萨城的规划建设重新调整，要求在城市的每个街区修建一所市民学堂，可为附近儿童提供基础教育。

为方便孩子们就近读书，市民学堂通常位于每个街区的中心，学堂规模拟容纳200位左右的学生。

每年的重生节前，孩子们会被集中起来进行撤离演习，这些工事互相连通，如果魔族入城，孩子们会从四面八方汇至法师塔，魔法师们会在那里打开传送门，把大家送出城。虽说如今魔族势力攻不到卡诺萨，但这种演习还是令孩子们采高采烈。

学堂的课程分为低中高三级。每级课程的学习时间是两年，在课程结束之前，学生们需要参加考试，合格之后才能学习高一级的课程。目前的课程内容包括习字、数术、魔物常识、艺文、安全、武技等。

课程教材的编纂工作由英格和弗南两大学院的院长牵头，邀请各学科最权威的学者共同完成。经由纳邦德尔研修院专家审校通过后，由国家出资刊刻印刷，免费发放到全国。每年，教材都会根据现实教学情况进行调整，学生们对课程的学习兴趣就是最好的调整依据。

在市民区的一项调查显示，教师在最受人尊重的职业中排行第二，仅次于法官。教师受市民尊敬，但要成为一名教师并不简单，首先你要有渊博的学科知识，其次还要懂得如何将这些知识简单明了地传达给学生，最后，也是最重要的一点就是要让学生们喜欢你。学堂的教师由政府统一聘任，不区分身份爵位，求贤者居之。

但遗憾的是，即便有王国政府的大力支持和鼓励，目前卡诺萨城中，6岁到12岁儿童的入学率依然只有55%，这个数字虽然已经是有记录以来最高，但是还远远没有达到普及的程度。至于外省和农村，则更加不容乐观。

🌸 职业教育

相比看不见成效的基础性教育，父母们会更愿意选择送自己的孩子去做学徒，学习一门未来可以养家糊口的手艺。位于"力量街"的那些工匠店铺是他们的首选，工匠们也非常乐意收学徒，各家店铺门口，都悬挂着象征招募学徒的大勺子。库麦尔说，这表示店铺里有空勺子给新来的学徒使用。

学徒的学习期在三年左右，这期间除非被师父赶走，自己是不能随便离开的。那段时间里他们可以选择住在"力量街"的店铺里，一般是在厨房睡桌板或者打地铺；也可以选择每天回家住，只是回家的孩子必须要在店铺关门后，收拾整理完所有的工具才能离开，这个时候往往已经到了深夜；第二天他们早早起来，在太阳还没升起之前做好开门的准备，然后静坐在店铺门口，等待开市的锣声响起，卸下门板，开始一天的工作。

第一年他们几乎没有什么学习技能的机会，在后院和厨下才是他们的工作场所，他们需要负责这个家里所有的活计，采买食材、洗衣做饭、洒扫庭院、收拾屋子、擦洗地板、照顾小孩等。有些严厉的师父甚至连工作台都不会让他们靠近，因为工具要是沾染上"蠢气"那就报废了。

这样的情况持续到师父有了新的学徒为止，这个时候，他就可以在作坊里参与准备器材物料的工作，也负责接待到访的客人，端茶倒水。但能够靠近工作台就意味着他们可以观摩师父和师兄的工作。我听老库麦尔先生说，这时候做师父的也会留意这些学徒的资质，运气好遇到有天赋的孩子，师父也会很乐意将自己的平生之学都传授给他，甚至会在出徒时赠以自己心爱的工具，将其视为继承人。

三年学徒期结束，徒弟们或者正式成为师父工坊的匠人，或者离开工坊。离开工坊的学徒们有的一无所有，有的则是准备自立门户。不过"力量街"有个不成文的规定：徒弟们的工坊不得与师父设在同一条街。大家都说，这是为了避免"教会徒弟，饿死师父"。但老库麦尔先生说，三年（其实是两年或者更少）的时间，绝大部分人是无法完全达到与师父相近的水平的，让他们离开，是希望他们可以扩展视野，在生活中继续修习属于自己个人的技艺，毕竟在师父的羽翼之下，永远都只能是一个模仿者。

或许现在的我也正在修习属于自己个人的技艺吧。老库麦尔先生说得对，挣脱了羽翼，才能做一个开创者。

军事教育

目前王国内虽然普遍平静,魔族没有太大规模的来犯,但是,庇护山以西的威胁依然存在,因此,年满15岁的居民依然要保证一年的军事教育期。这项规定始于阿格里斯王建国,并一直延续至今。

卡诺萨城的军事教育一向是由王家近卫军负责,每年开国节前,年满15岁且未参加过军事营的人员会收到由近卫军司令波尔青亲自签发的一封入营函,开国节假期后的第一个工作日,近卫军执行官葛瑞安便会在城东军营门口设下登记处,等待着少年们的到来。他们会在近卫军营中按照性别和年龄编为十人一队,随后向北岸村驻地开拔。

北岸村位于卡诺萨城东部,是一个渔村。政府一直计划在那里修建码头,以通往外海,由于种种原因,一直未能实现。最近两百年来常有传闻,在村子附近会见到魔物出没的漂浮冰山,所以村民们纷纷搬离。近卫军随即在那里设下驻点,目前属于半军管状态。

军事营设在狼牙山下,那里地形复杂,荒无人烟,其不远处还有林区,适合进行不同环境下的军事演练。军事营不但会提供体能训练、近身格斗、武器的基本使用、紧急救援等练习,还教授学员们扎营、炊事、斥候、骑射等各种技能。经过一年的锤炼,大家基本具备对魔族作战的意识和能力。

到下一年的开国节前一周,军事营会在二百二十千米外的塞壬海岬为队员举行结营仪式,所有队员必须携带行李,三日之内长途拉练,抵达塞壬海岬驻点。这是一段极其煎熬的旅途,但据我所知,从设立这项训练以来,几乎没有人中途退出。

结营仪式最后还有一个很重要的环节就是募兵。经过一年的操练之后,有些人悄然回归自己的生活,而有些人则希望成为真正的军人。这些人会跟随换防部队开拔,前往庇护山东麓,守卫国家。

以上为《四海王典·真正的卡诺萨》之章(待续),赫丽一世补撰于卡诺萨城库麦尔家。

在我撰写教育章节的时候,诗寇蒂跑出去散心,回来问我想不想出去看戏。

原来在距离"铁匠街"不远的"奇巧街"上有一座与周围环境极不相称的大型戏院,它用高大的外观和华美的装饰诠释着卡诺萨人"宁可不吃饭,不可不看戏"的传统。

文化

🏵 戏剧文化

戏剧最早是卡诺萨人阵前鼓舞士气的一种表演，他们或者将那些有杰出战功的英雄事迹编演成剧，或者将重大战役的胜利重现振奋人心。与游吟诗人吟唱故事相比，戏剧能够更加直观地展现场景，打动观众。

亚特王国的人都喜欢看戏，尤以卡诺萨人为最，就连王家也隔三岔五请剧团在大音乐厅表演新剧。

卡诺萨一共有十家大戏院——这还不算那些兼有其他功能的礼堂、富商贵族家中的私人戏楼和那些四处巡回演出的模戏团在市民广场临时搭建的露天戏院。这十家戏院中，最为著名的是位于北区的王家大剧院、市民广场西南侧的圣歌大戏院，以及紧邻魔法工匠街区的魔域大戏院。

王家大剧院是卡诺萨城中最为恢宏的剧院建筑，整体装修豪华典雅。其内部观众席分为三层，中间层视野最佳，被分隔为数个包间，这里的位置不是有钱就可以享用。其中两个最大的包间——正对着舞台——并不对外售票。剧院每天都会安排专人将这里清扫得一尘不染，以便随时迎候突然兴起前来看戏的王室和四大家族。

王家大剧院除了是外城中唯一对观众着装有要求的剧院外，与别的剧院最大的不同在于剧院中的职业演员以精灵为主，他们柔美修长的肢体和清澈婉转的歌喉特别适合演绎缠绵悱恻的爱情神话。剧院最受欢迎的剧目《冰岚传》讲述的就是传奇精灵王迪迦·冰凌与他最后一位爱人辛德瑞拉·落岚的爱情悲剧。故事结尾落岚为冰凌而死，她临死前那段如诗般哀婉的咏叹，总会让剧院中那些衣着华丽，举止端庄的夫人们潸然泪下，哭花了需要几个小时才能化好的妆。

在众多落岚的扮演者中，身世神秘的精灵歌者迪迦·冷霜是世所公认最棒的，据她本人声称，她就是故事的主角冰凌与落岚的后代。

"她的声音充满了慈悲与哀伤，尤其是最后咏叹时，在尖锐的哼鸣中融入丝丝入扣的颤音，让聆听者久久无法释怀。"这是剧评家史莱姆·杭奇对她的评价。但是我更认同库麦尔的观点。我们曾为了避免引起不必要的骚动，便装看过这出戏。在最后一段咏叹唱到一半的时候，我和库麦尔叫醒诗寇蒂，悄悄地离开了剧院。我听到库麦尔小声地嘟囔了一句："难听。"

圣歌大戏院是市民区最大的一所戏院，说是最大其实连王家大剧院一半的面积都不到。在这里看戏，不用像在王家大剧院那样要时刻保持高雅肃穆的气氛——"憋得人气都不敢喘"。这里的演出极为热闹，开演前人来人往，络绎不绝；观众吃着零食，打着招呼，人声鼎沸。

戏院中日常演出的剧目有以下几个——《和平之子宣誓文》讲述首位"和平之子"亚当力挽狂澜，拯救亚特王国于危难之中的故事；《英雄之歌》讲述阿格里斯王接受科洛诺斯神的馈赠，领导人民反抗魔族的故事；《智慧泉》讲述少女欧斯寻找智慧泉帮助人类牺牲自己的故事；《亚特之光》讲述"和平之子"的故事等。剧目隔周轮换，常演常新。

喧闹的音乐一开场，人们也跟着兴奋起来，故事虽然耳熟能详，但演员们的表演依然值得喝彩。当然如果演员的状态不好或者嗓子不在家，那观众们也会毫不客气地用嘘声将他们轰下台。

每年的重大节庆日，全国上下为数众多的剧团纷纷赶来庆贺，其中甚至包括却霜公国最著名的模戏表演。卡诺萨市民大饱眼福，戏院也会趁机与最受欢迎的一两家剧团签订为期一年的合约，邀请他们留在卡诺萨继续演出。

魔域大戏院主打的是奇观表演。这个戏院其实最早属于几家魔法工匠铺的后院。这几家工匠铺的师傅都来自博兹弗省的矮人工匠家族钉板。这个家族主要经营附魔玩具。他们手艺奇巧，做出来的商品极富特色。然而，由于铺面位置过于偏僻，少有人问津。为了吸引客户，他们便摆开玩具向大家演示。某工匠家中一个孩子极富创意，将叔叔伯伯的魔法玩具编写成一个魔族盗取宇宙之心的故事。大家看后意犹未尽，于是纷纷购买他们的商品。

钉板家族从中获得启发。他们邀请学堂的艺文老师帮忙，丰富完善了孩子的故事。他们还按照故事内容添加了更多的魔法玩具和情境，由此吸引了越来越多的人前来观摩。很快，钉板家族在卡诺萨声名鹊起。然而魔法玩具的销量却并未显著增加。原来大家只是热爱这些玩具展演，以及故事本身碰撞出来的美妙奇观而已，生意渐渐支撑不下去了。

还是那个编故事的小孩，他提出了一个建议："为什么我们不能像圣歌大戏院一样，让大家买票听故事呢？"这句话石破天惊，大家发现自己一直以贩卖玩具为目标，

却忽略了故事本身的价值。他们即刻行动，一方面推倒院墙和作坊，修建了一座颇为壮观的二层小楼，另一方面，他们再次邀请艺文老师协助创作新的故事。

两个月后，魔域大戏院正式对外营业。这一次，他们为了故事情节的需要专门创制魔法机关和玩具，这成为第一原则，新鲜有趣的故事加上奇诡的魔法装置，让本就热爱看戏的卡诺萨人如痴如狂。

在之后的近百年间，魔域大戏院一再扩建，终于形成了现在的规模。目前戏院能容纳观众450人左右，仅次于圣歌大戏院。剧院对外宣传，每场演出使用到的魔法道具多达数百件，使用数量和规模都相当惊人。

今天从戏院出来，我们在广场上看到一位醉醺醺的矮人爷爷正坐在一块红氍毹上给孩子讲故事，他用手里最简单的魔法玩具，逗得孩子们哈哈大笑。诗寇蒂说，这比刚才看的有趣多了。

听围观的人说，这位老者是戏院的老院长，就是给钉板家族出主意的那个孩子。

有趣的故事对人有着天然的吸引力，故事对人的影响至为深远。戏剧表演中有亚特人民无法忘记的历史和精神。我想回宫之后还是应该找肯尼先生来谈一谈，对各个剧院的剧目，尤其是王家大剧院的进行调整和重新安排，毕竟这三家戏院的股东名单里都有肯尼迪斯科家族的名字。

以为上《四海王典·真正的卡诺萨》之章（待续），赫丽一世补撰于卡诺萨城库麦尔家。

087

回到库麦尔家，诗寇薇还沉浸在戏剧的情节里。而我的思绪有些飘远，想到了幻兽。在卡诺萨的城市文化中，唯一能够与戏剧文化相提并论的就是幻兽文化，大家尊重和热爱自己的幻兽，如同亲人一般。

幻兽文化

传说幻兽是神明的灵魂碎片所化，它们天生善良，与人亲近，一旦认定了某位勇士是自己的主人，就会成为他们忠诚的战友。人类能够取得与魔族战争的胜利，离不开幻兽和勇士们的舍生忘死，并肩作战。

卡诺萨的青年会结伴出发去亚特大陆各地寻找幻兽。越是在艰苦、危险的地区，找到的幻兽越是强大。找到幻兽后，他们需要用自己的力量和智慧来获得幻兽的认可，让它们心甘情愿地成为自己的伙伴。

为了感谢幻兽的战友之情，亚特王国在开国之初便设立了幻兽节，每年夏末的幻兽节，是找到幻兽的年轻人和幻兽订立契约的日子。在这一天，年轻的勇士们和幻兽聚集在广场，在国王和民众的见证下完成订约仪式。仪式结束后会在角斗场举行友好的幻兽竞赛，幻兽们展示实力，年轻的勇士们也借此机会在伙伴中树立威望。

在卡诺萨人来看，幻兽在家中的地位并非是宠物或者禽畜，它们虽然性格不同，但都有珍贵独立的"人格"，需要人类的尊重。有些幻兽陪伴了家里几代人，如今早已无法上战场，但家族成员依然会将它视为家族的荣耀，精心照顾它的起居生活。那么多年的相伴，对于他们来讲，幻兽也是至亲。

当卡诺萨人家中迎来新的幻兽，他们会将这一天视为家庭的幸运日，因为他们家多了一个值得信赖的伙伴，如果某个家庭发生了幻兽逃离或者死亡后无法复活的事情，这家人会受到邻里的谴责，被称为"不被信任的人家"，更有甚者还会影响到这个家庭适龄青年的婚嫁问题。

在卡诺萨城里，小酒馆星罗棋布，聚集了来自亚特大陆各地的吟游诗人。他们将勇士们寻找幻兽的冒险故事，以及幻兽和勇士在竞赛中的那些出色表现编成叙事诗歌，到处传唱。于是，英勇的幻兽与它们的主人在亚特大陆逐渐成为传奇。

以为上《四海王典·真正的卡诺萨》之章（待续），赫丽一世补撰于卡诺萨城库麦尔家。

明天就是"迎春日"。库麦尔婶婶告诉我，这一天街巷两旁会摆满鲜花，大家穿上用鲜花装饰的衣服，戴着鲜花头饰，互相邀约着在街巷中赏花喝酒，迎接春天的到来。这是卡诺萨城中的习俗。

除此之外，亚特王国还有几个大的节庆日，是一定要记录在新的王典中的。

节庆

亚特王国的节庆分全国性和地方性两种。

全国性的节日所有的卡诺萨人都参与庆祝，从海边渔村到朝廷官署，从店铺货栈到乡村田野，从贵族领地到行省督府都放下手里的一切欢庆节日。

主要的全民性节日有重生节和开国节。

重生节为庆祝天降庇护山挡住魔族，原本必然灭亡的人族大难不死，宛如重生。重生节当天日出之前，所有人要来到室外，每人手捧一只鸽子，面向庇护山方向默念《感恩辞》。日出时所有人把鸽子抛向天空，象征着人族得救，获得新生。之后大家涌向阿格里斯集和华美集。为庆祝重生，在这一天两大集市出售的所有货品一律半价，并且要敞开供应，不能故意减少数量。

开国节则庆祝阿格里斯建立亚特王国，开创千年基业。阿格里斯发布过正式法令，亚特王国包括十二公国在内的所有居民都要参加开国节庆祝。这是整个亚特大陆的节日。

开国节前市民广场事先塔好三层楼高的花台，花台下再搭一座舞台。庆典开始时，国王走上花台向阿格里斯王祷告，祈愿阿格里斯王护佑亚特王国兴旺繁荣，击败魔族。

祷告后国王走下花台，来到舞台下落坐。舞台上要重现阿格里斯王开国并分封十二公国的场景。扮演阿格里斯王和十二大公的都是当世名伶，场景和台词历经千年流传下来，未有丝毫修改。当舞台上阿格里斯王高声宣布"亚特王国今日建立"时，

崔尔登大法师的四大弟子一齐向天空施放火球术，四个桌面大的火球飞上天空，砰然炸裂，迸出满天火花，万众欢呼。

欢呼声中响起战鼓，一队骑士昂然跨入广场，骑士首领单膝跪地，请国王批准他们开赴庇护山防御魔族。这既是一个仪式，也有实际意义。本来每年防御庇护山的军队都会部分换防，换防的部队向国王请命之后，就出城西去了。

骑士退下后是舞会。国王跳第一支舞后离场回宫，然后就是万民狂舞。人们一边施放着魔法玩具，一边跳着各种风格的舞蹈，有宫廷舞、乡村舞、异族风情舞等。人们从广场舞到街头，舞到卡诺萨各个角落。这一天各商铺、酒馆都会摆出葡萄酒、麦酒、啤酒供大家免费饮用。杯子上写着酒的产地和品种，哪种酒最受欢迎，酒馆、酒商在下一年就会多进货。大家尽情痛饮，直到日落才各自回家。这一夜卡诺萨所有的房子都要点亮灯烛，直到翌日天明。

这一夜最辛苦的就是治安队。他们要制止酒醉的人闹事，把醉得不省人事的市民带到醒酒所过夜，待酒醒了打发他回家。

非全国性节日中以农村的"四大节"和"农民日"最为隆重。"四大节"和"农民日"的时候所有的农民都进行庆祝。另外，商会和公会也会有自己的节日，其成员进行庆祝。

另外，精灵、矮人、地精等20万侨居在卡诺萨的外种族也有自己的节日。卡诺萨官方允许他们庆祝自己的节日，也不禁止卡诺萨居民参加庆祝。

亚特王国最有特色的节日是幻兽节。

幻兽节

幻兽节设在每年夏末秋初，庆祝仪式在市民广场举行。

每年幻兽节都会举办大型的"巡猎"成人礼，成千上万的青年出城"巡猎"，场面蔚为壮观。

幻兽的获取最为常见的就是"巡猎"，勇士们单枪匹马地深入自然，用最简单原始的方式寻找、选择和征服这些未来将与自己命运相连的幻兽。与孵化的确定性相比，"巡猎"者显然更具有主动选择权，参与"巡猎"的勇士往往也能获得与自己的能力更为匹配，也更为忠诚的幻兽。有一些幸运的勇士甚至能从中获得世间罕见的珍稀幻兽。

虽然可巡猎之处遍布亚特大陆，但近年来很多人都喜欢去沉睡之林巡猎场。

沉睡之林巡猎场

沉睡之林巡猎场位于科洛诺斯家族领地内的迷雾森林西南部的外缘，常年弥漫的雾气使得这片区域的能见度只有几十米，精明而残暴的独鸦成群结队地在树上等待啃食一切失去行动能力的猎物……当然，只有从没去过真正的迷雾森林的人才会觉得这里危险，稍有经验的勇者都知道这里其实是所有幻兽训练师的天堂。

科洛诺斯家族受王室所托，为幻兽节的活动圈起了这片巡猎场。每年幻兽节都会举办大型的幻兽巡猎比赛，成千上万的年轻勇者齐聚科洛诺斯产业下的沉睡之林巡猎场。

除了巡猎场内原本就有的幻兽，科洛诺斯家族会将事先捕获到（或培育出）的大量优质幻兽和少量顶级幻兽布置进巡猎场中，作为奖励送给能征服它们的优秀勇者们。

平日里，巡猎场也会免费向公众开放，但幻兽的品质不能保证。经验丰富的勇者们通常会选择进入迷雾森林的深处，或是前往其他更高级的幻兽聚集地。普通的勇者们在巡猎中却仍然可以收获颇丰，一些技艺不精者甚至可以花费一定的钱财雇佣科洛诺斯的随行保镖服务，也可以向入口的守林人购买魔法传声筒，一旦遇到危险，吹响传声筒就可以得到沉睡之林护卫队的救助。

节日中的魔法文化

每逢节日到来前夕，卡诺萨城中的"好玩街"都人头攒动。这里以贩售魔法玩具为主。店铺主人使出浑身解数，将自己的拿手好玩意儿摆到门口，任由买家挑选。真是"几家欢乐几家愁"，有些商铺的玩具特别受人追捧，早早地就挂出了售罄的牌子，而有些铺头虽然看上去货品琳琅满目，但门可罗雀，实堪伤怀。

在卡诺萨城，普通百姓施用魔法器物需要获得许可证，即便是一般的儿童魔法玩具也需要在成人的指导下去施用，这是为了避免产生意外，引起人员受伤。唯有在节日期间，一定魔力限度内的魔法玩具可以随意施放，所以每到节庆日，无论是贵族还是普通市民都沉浸在一种强烈的"报复"情绪之中，仿佛不趁此机会多多施放就亏大了。这导致了整个卡诺萨城以及周边地区都会笼罩在一片亦真亦幻的魔境之中，这样的庆祝耗资不菲，据说去年光开国节市民区就用掉了20万金剑币，真是匪夷所思。

每逢节庆人们将"好玩街"挤得水泄不通，人员混乱嘈杂，各种明偷暗抢的事件时有发生。魔法玩具的品质良莠不齐，再加上错误的施放方法，城中时常会出现意外和事故。因此，不光治安队要倾巢出动，连法师塔也会保持待命，所有的魔法师分散在城市各处，以应付不时出现的紧急状况。

节日城市的安全问题是一个非常大的隐患，这需要市政、交通、治安、魔法等各部门一起配合去解决，另外还有资源耗费的问题，我想有必要和索文首相及菲尔丁·布加南市长好好谈一谈这件事。

不过现在，我还是吹熄蜡烛，上床安寝吧。

以上为《四海王典·真正的卡诺萨》之章（待续），赫丽一世补撰于卡诺萨城库麦尔家。

一个难忘的迎春日

旧历春月卅日 晴微风

卡诺萨居民们对花的喜爱可以追溯到大瘟疫时期。在人世萧条、万物肃杀的绝望中,当时的圣欧斯商会会长因兰派人将自己家中的火焰茉莉尽数移栽到市民广场。这些植株矮小的火焰茉莉极易成活。它们开花如簇,花期漫长,可以从初春一直延续到夏末。从那以后,越来越多的鲜花出现在市民广场,为人们带来希望和慰藉。

大瘟疫结束之后,赏花活动被保留了下来,逐渐形成了"迎春日"。在这个日子里,所有的居民都会将家中最美丽的花卉搬到街巷之中,供大家欣赏品评。历经数百年,火焰茉莉依然是"迎春日"当仁不让的主角。

"迎春日"那天,卡诺萨城的小酒馆还会打开他们前一年酿制的鲜花酒,供游览的客人们解渴解乏。

一大早库麦尔姐姐就将我们喊了起来,她为我们准备了面包和羊奶,这是卡诺萨市民们最喜欢的早餐。

城市饮食

卡诺萨人吃的食物大部分来自农村，小部分来自河流、沿海和山地。

农村供应给卡诺萨的粮食主要是大麦和小麦，肉类以猪肉和禽肉为主，牛羊肉少一些，此外还有大量奶制品。

淡水产品来自霜焰河、阿格里斯湖和雷鸣河。淡水鱼捕获量大，在卡诺萨卖不出好价钱。能上台面甚至贵族富商餐桌的，是几种湖兽和河兽，最受欢迎的是半鱼半猪的巴豚兽，巴豚兽肉自带甘香味，不需要复杂的烹调手段，切成薄片蘸一点盐最能品味它的鲜美。吃完以后会觉得有一股暖洋洋的气在体内流动，一整天都神清气爽。只是巴豚兽不易捕捉，许多贵族，包括宫相安东尼公爵早早向渔户预定了巴豚兽身上最好的部位，拿到市面出售的就只剩下头尾鳍爪和骨架了。

海产品来自北部沿海。绝望之海因潮汐毫无规律无法航行，出海捕鱼风险极大，渔民们想出了在海上设陷阱捕鱼的办法。他们在大竹篓里放入诱饵，将竹篓拴好长绳，看准海流把竹篓抛入海中，让海流把竹篓带到远处。绳长三百到五百米，最长的达八百米。一户渔民通常有五十个竹篓，每天夜里投一次，上午收回；下午投一次，傍晚收回。竹篓捕到的主要是各种海鱼、虾蟹。这种办法捕获量不定，但总好过冒船毁人亡的风险出海。此外他们还在礁石、滩涂采集贝类，夏秋大量上市。冬季集市上还能见到来自阿特拉斯断裂山的野味，偶尔还有来自尘硝矿井一带的魔物。

一户典型卡诺萨人家的餐桌是这样的：

早餐：面包加牛奶或羊奶，佐以奶酪，这几乎是四季不变的，不过秋冬两季吃的面包用的是当年的新麦磨的面粉。

午餐：主食是面包、面饼。主菜的话春天吃土豆炖前年腌制的猪肉、禽肉，新鲜肉类只有鱼；夏天用时令蔬菜配腌肉，增加了果蔬；秋天主菜有鲜菜炖煮煎各种鲜肉，还有贝类等海鲜；冬季主菜以土豆和腌菜配鲜肉或冻肉，有时会出现野味，以飞禽居多，也有野鹿、野兔等。

晚餐：主食加杂烩浓汤。杂烩浓汤是用中午剩下的菜加上些碎肉碎骨熬的。另外还有葡萄酒。

以上为《四海王典·真正的卡诺萨》之章（待续），赫丽一世补撰于卡诺萨城库麦尔家。

库麦尔姊姊给我和诗寇蒂做了漂亮的花冠和项链，还将我最喜欢的落日樱缝在了我们的肩袖上，最后她将浸泡过火焰茉莉的水洒在我们的身上。

"你们就是卡诺萨最美丽的花！"库麦尔姊姊看起来和诗寇蒂一样兴奋。

库麦尔姊姊身形庞大，嗓门高亢，做事利索，为人热情，让我们打心眼儿里觉得亲近。她没有女儿，只有一个"不解风情，只知道耍枪弄棒的儿子"，我们的出现仿佛满足了她一直以来的愿望。（有时候她会安静地坐在一边，用慈爱的目光看着我们，那样的神情让我恍惚，也许她并非是看着我们，而是在看着某些更遥远的人和事。）

好吧，赶紧写"迎春日"。

出了铁匠铺的大门，我和诗寇蒂立刻就被来往的人群淹没，只能随波逐流地跟着大家向前涌动。每一条街巷里都有各色鲜花热热闹闹地开着，每个人的脸上都洋溢着灿烂的笑容。库麦尔尽力地张开双臂帮我们挡住四周的人群，但这确实很难办到，我们必须手拉着手才能不被人群冲散。

不远处，几个贵族青年骑着装饰华丽的高头大马赏花，牵马的侍从对着接近的人群呼呼喝喝，推推搡搡。当他们再次推开一个老人的时候，诗寇蒂终于压不住内心的怒火，她使劲挣脱库麦尔的手，想要冲上前去教训他们。

"这里人多，动起手来不方便，再等等。"听到库麦尔对诗寇蒂这样说，我心里不由得暗笑。一面担心我在人群中的安危，一面还要应付随时可能爆发的诗寇蒂，我的白银骑士真是够为难的。

好在，诗寇蒂听从了建议，但她鹰一般的目光依旧没有离开那些人。

走到巷口的时候，有人叫住了我们。

"嗨，小古板们！"斯蒂芬妮坐在不远处酒馆的二层阳台上向我们举起了酒杯。

"又是她！"我明显地感觉到库麦尔的不耐烦。

"库麦尔姊姊说这家店的金蕊梅花酒特别有名，我们去尝尝吧。"

"……是。"

为了分散诗寇蒂的注意力，我也只能牺牲库麦尔的感受了。走进酒馆，就听到斯蒂芬妮高声笑道："梅花酒卖完啦，不过我这儿还有半壶，不介意的话，一起啊！"

"当然当然！"诗寇蒂果然忘了那几个贵族，一马当先，走上二层。

二层阳台旁边的一张矮几上，除了金蕊梅花酒之外，还放着几碟点心。

库麦尔姊姊说过，卡诺萨饮食的精华不在餐桌……

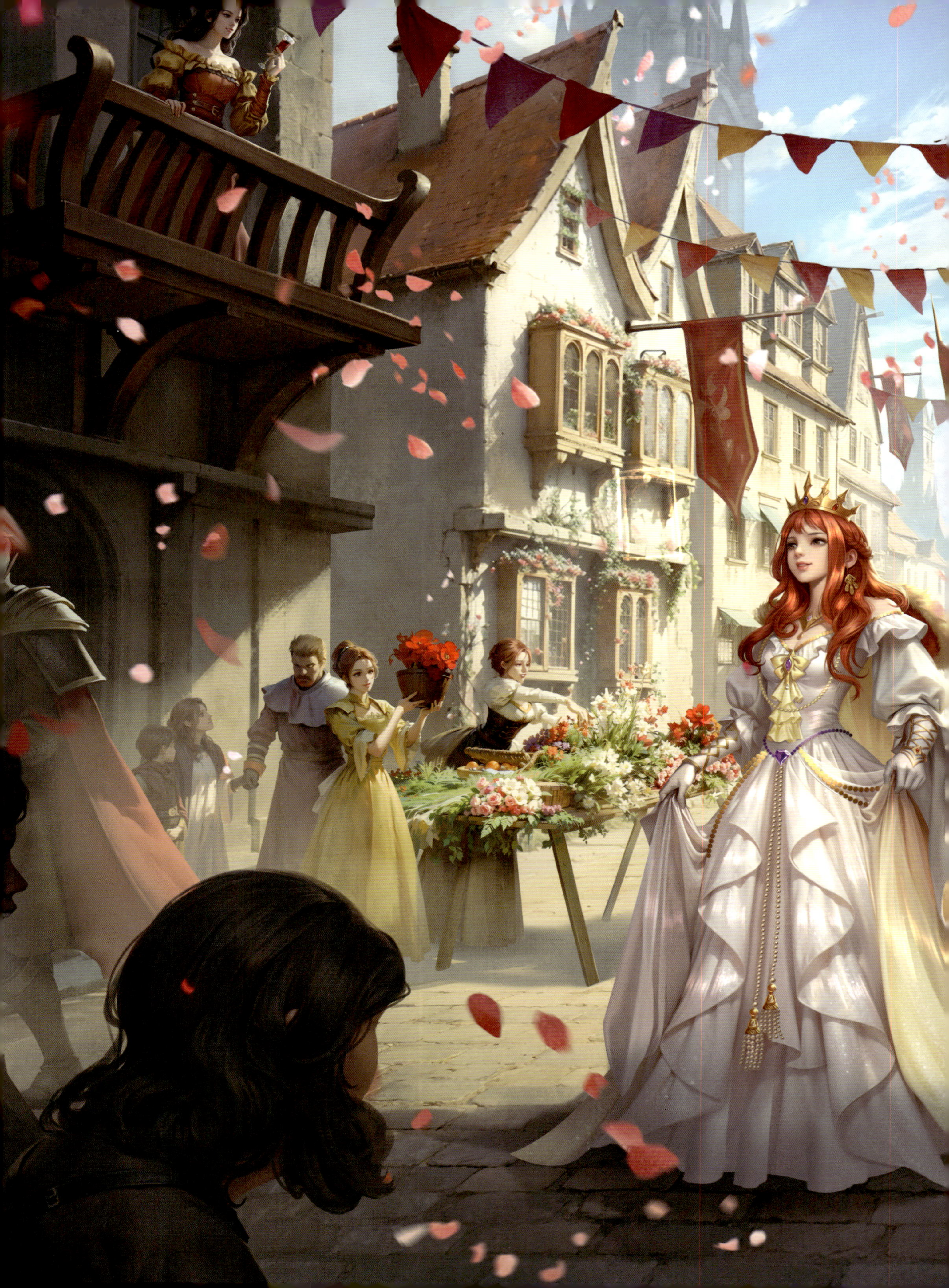

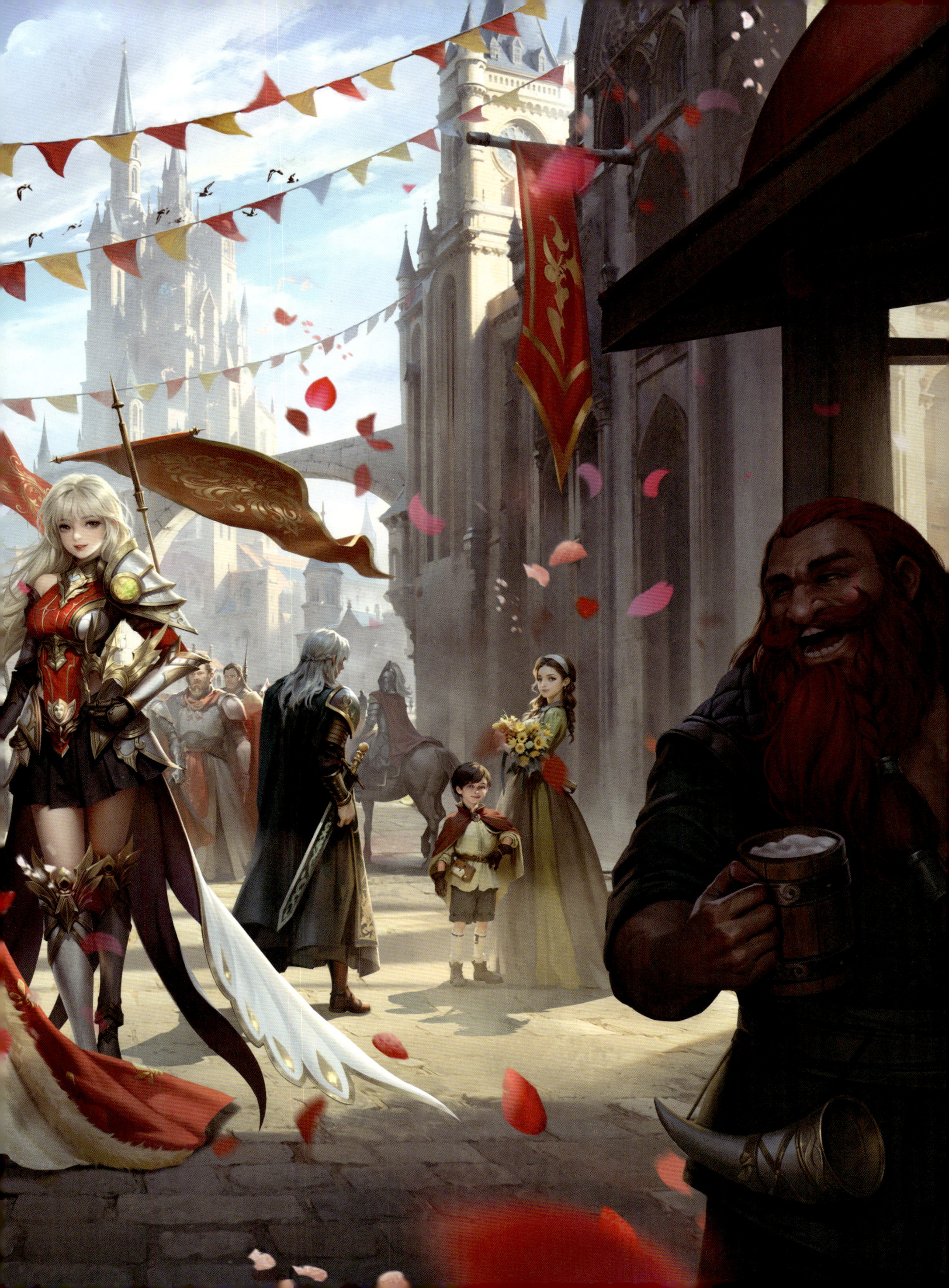

卡诺萨饮食的精华不在餐桌，而在街头，在小商贩挑着的担子里、推着的小车上，在街角那些不起眼的小铺子、酒馆或店铺挤出的一小方天地里。这些卖小吃的商人非常清楚卡诺萨人需要什么，于是就在最合适的时间和地点出现。

冬天天寒地冻，他们贩卖热茶、热糕饼或者一小块烤肉。这些东西用了火兔一类魔物调料，虽然只是一小杯、一小口，吃了以后会浑身发热，效力能够持续一个小时。那些在街上奔波的仆役、听差、治安官员，在街头忙碌的店铺伙计都愿意吃上一点。如果觉得加魔法调料的小吃太贵，也可以吃一大碗用猪肝猪肺做的杂碎汤。我小时候吃过一种用阿特拉斯断裂山出产的林雉的血和切碎的内脏蒸出来的羹，完全没放魔物调料却鲜得让人咬破舌头。可惜这种林雉数量稀少，近几年完全绝迹了。

初春，街头积雪还没开始融化，他们就摘来草木刚萌出的嫩芽做成糕饼，撒上花瓣，谓之"报春糕"，吟游诗人们心照不宣地吟唱春天的诗篇，引得路人买几块品品春意；或者把嫩芽熬成鲜绿的汤汁加上蜂蜜，做成一碗时令饮品"绿玉"。

夏天小吃的品类最多。此时河鱼大量上市，商贩们把鱼肉加上香辛料烤熟，或者裹上面糊煎成鱼饼，又或者把鱼肉切成细丝拌上用冰蛇一类魔物做的调料，吃一口冰到心里。

夏天最受欢迎的是清凉饮品。用花和各种水果丁熬的果汁加上一点魔物调料供不应求。我想就算一杯白水，只要加点魔物调料照样有人买。

秋天最常见的小吃是香肠。刚刚灌好的肉肠加上提香的魔法调料，无论蒸、煮、煎、烤都很味美。贝类上市后会有辣汁贝、酸辣贝、烤鲜贝，挑担子的小贩走到哪儿，哪儿就是一地丢弃的贝壳，卡诺萨市市长也不管管。

以上是卡诺萨平民的日常饮食。

接下来我想说说王族、贵族们的饮食。虽然他们不是普通市民，但都住在同一个城市里，就顺便说几句吧。

和富商们喜欢炫耀魔法效果不同，王族和贵族们的饮食更注重排场。不管吃多少、吃不吃，总要摆满餐桌。光面包就要摆软面包、硬面包、加馅面包、蜂蜜面包、发酵面包、香料面包，奶酪有鲜奶酪、熟奶酪、坚果奶酪、毛奶酪、甜奶酪、干奶酪、薄饼奶酪……这还只是一顿普通的早餐。

宴会的时候更加铺张，简直要把大陆上能搜罗到的每个品种都摆到餐桌上，就是博物学家也不一定都认得。比如鸡，普通家养鸡是没资格上宴会桌的，能上桌的是特定培育的品种，如长着一身亮闪闪蓝色羽毛的宝石鸡、比鹅还壮的巨人鸡、长着巨大肉垂的大头鸡等。禽类还有同样是培育的各种鹅，以及从阿特拉斯断裂山抓来的金头雉、锤鸮、绿毛鹛、松鹑等。其他各类，猪、牛等都是如此。

贵族饮食使用的烹饪手法也与平民不同。单就炖鸡而言，厨师们用的不是普通的汤，而是牛奶、葡萄酒、啤酒等。

这还不算，宴会配菜还讲究颜色和香味的搭配。有些食物并不好吃，纯粹是为了摆在一起好看才上了餐桌；有些食物闻着不错，吃起来味同嚼蜡，纯粹是为了闻味才上了餐桌。无论是王家的宴会，还是贵族的宴会，都是如此。我曾向安东尼公爵抱怨：我的眼睛吃不了饭，鼻子也吃不了，干吗要摆这么多没法吃的东西？他说这是王家和贵族的气派。如果宴会的时候没有这种气派，会引起麻烦。他举例说，苏斯特王曾宴请罗兰多芬特家家主摩尔达，餐桌上只有四个菜。摩尔达心领神会，饭后主动把罗兰多芬特家的领地献给苏斯特王，避免一场杀身之祸。安东尼公爵说，假如你宴请御前会议的大臣们时减掉几十个菜或者不上甜点，他们会怎么反应？

所以，就算再铺张，这个气派是必须要保持的。

在食物中还有一类非常特别的食材，那就是魔物。

魔物餐

虽然契机不尽相同，但在与魔物持续不断的战斗中，各个种族都发现了"魔物可以食用"这一事实。

人类最早食用魔物的历史可以追溯到阿格里斯的时代。某年由于天灾导致粮食大幅减产，亚特王国饥荒四起。在雷鸣大陆西部山脉附近有个名叫苦水村的地方，那里的猎户偶然发现一只落入捕兽陷阱中的四翼羊。虽然心中充满恐惧，但在饥饿的驱使下，村民们还是架上大锅，将四翼羊的肉煮成肉汤，全村男女老少久违地饱餐了一顿。一周后，有行脚商来到此处，惊恐地发现村子里横七竖八地躺着很多具尸体，还有一些背生翅膀的人类在四处游荡。当时的银色十字远征军接到报告后来到此处，杀死了那些魔化的人类。他们还在一处破屋中发现了一个小女孩,也是唯一的幸存者。从女孩口中他们得知这些尸体和长角人类都是食用了魔物肉的苦水村村民。而女孩虽然也吃了肉,却没有任何异常,只是在这一周中都不再感觉到饥饿。经过鉴定与解剖,发现这些长角人类的体内魔素含量极高,由此导致村民的死亡与异化。而小女孩似乎可以承受魔素的侵蚀,并且短暂获得了抵抗饥饿的能力。

经过不断的研究与实验,魔法师们发现了祛除魔素而保留魔物精华(能力)的方法,此后人类开始尝试食用各种不同的魔物,并慢慢发展出丰富而独特的魔物饮食文化。食用魔物在贵族和富豪中间十分流行,魔物类似药膳和补品。在王族的宴会与庆典上,魔物料理也是不可或缺的。不同种类的魔物料理具有不同的功效,有的可以让人浑身发热,不畏严寒;有的可以让人视力增强,在夜晚也能视物等。

并不是所有的魔物都可以食用,某些魔物由于肉质粗糙或功效不好,已经很少有人食用,还有一些魔物的魔素无法祛除,因而不能食用。魔物的肉和内脏均可食用,同种魔物的不同部位在功效上有细微差异。

魔物的获取途径分为野外捕猎和人工饲养。普遍认为野外捕猎的魔物在功效上高于人工养殖的魔物。某些较为珍稀的魔物无法饲养,只能依靠野外猎捕,因此价格十分昂贵。

有专门从事野外捕猎的猎户定期售卖捕获的小型魔物,商人也会雇佣冒险者和护卫组成猎捕队来捕捉大型魔物或扫荡魔物巢穴。猎户们最爱掏三尾兔的窝,三尾兔繁殖速度快又喜欢群居,掏一次窝能逮到几十上百只大小三尾兔。这也使得三尾兔的价格日趋平民化。

捕获到的魔物先由魔物饲养场挑选,品相好的会被高价买走。魔物饲养场挑选饲养的魔物一般危险性较小,由于采用速成出栏的方法,降低了魔素的含量,魔物的肉质也更加细嫩,因此,其售价较为低廉,是平民百姓也能够享用的美味。而成年魔物的魔素含量过高,一般不适合食用。人们会在祛除魔素后,将它作为炼金和魔法素材。

所有魔物被宰杀后都会送到专门的处理厂,以祛除魔素。之后,按照野生—养殖,普通—稀有等标准进行评级,然后进入市场进行售卖。贵族家庭大多拥有自己的魔物处理师,可以在家中处理猎到的魔物。

以上为《四海王典·真正的卡诺萨》之章(待续),赫丽一世补撰于卡诺萨城库麦尔家。

我们随意点了几个菜，没留意其中有一道魔物餐以弗所云菇。按规定，餐馆在提供魔物食品时，必须注明制作方法和食用方法。比如以弗所云菇，它的最佳烹饪方法是在200度左右的油温下炸制至熟透，油炸过的以弗所云菇在食用后能一定程度上分解饮酒带给人的混沌感，让人变得神清气爽，但如果食用过多，就会像诗寇蒂那样——看见人就使劲鞠躬。

酒馆里响起了一阵大笑，原来那几个贵族青年也来到这里，他们拦住我们的去路，硬要诗寇蒂为他们表演鞠躬。

斯蒂芬妮抄起桌上的一碟生腌巨钳虾，兜头向众人砸了过去。巨钳虾个头不大，但好勇，一对钳子雄壮有力，一旦钳住，不撕下一块肉来决不罢休。

哀号声响遏行云。

斯蒂芬妮拉着我离开了酒馆。跟着她拐了几个弯在一处角落停下，这里人少而安静，附近还有读书声——"迎春日"并非国家的节日，学堂并不放假。

库麦尔放下一直扛在肩上的诗寇蒂，我这才发现诗寇蒂的眼睛已经被手帕蒙住。

"那些巨钳虾够他们难受一阵子了，"斯蒂芬妮笑道。

"——你的主意不错。"库麦尔居然开口夸她了。

"那当然！"斯蒂芬妮并不客气，"以弗所云菇的毒性不强，她吃得也不算太多，估计再有一个小时就能把手帕解下来了。"

"这次多亏了你帮忙。"我向斯蒂芬妮表示感谢。

"不客气，教训这些仗势欺人的贵族，是每个人应尽的义务。"

库麦尔的脸上隐隐有了一丝笑容。

"你自己也是贵族。"

"那怎么能一样呢？"斯蒂芬妮对库麦尔将自己与那些贵族相提并论表示愤怒，"我最讨厌这些假模假式的人了，表面上说什么血统高贵，道德垂范，各种规矩列出来一长串，都是装给别人看的，其实肚子里全是坏水，全是伪君子！哼！不就是女王的亲戚嘛，八竿子都打不着的亲戚，站在女王面前她都不一定认识！有什么了不起的！狗仗人势！！"

她说得有道理。

突然，地面传来一阵震颤，两只失控的幻兽向我们奔来！与此同时，散学的钟声响了。

"躲进去！让大家都别出来！"话音未落，幻兽已经来到了库麦尔的身前。来不及拔剑，他纵身从它们的头上跃过，这个动作激怒了幻兽，它们红着眼将库麦尔围住。

"主人在哪里？"库麦尔高声问道，但没有人应答。

库麦尔盯住面前的巨兽，拔出了剑。

诗寇蒂蒙着眼睛干着急。从听到库麦尔拔剑出鞘的那一刻，她就按捺不住地想要出去帮忙，可是云菇的毒性还没有彻底消退，摘掉手帕之后，她唯一能做的就是鞠躬。

两只幻兽或进或退，或纵或扑，看起来颇有章法，但面对库麦尔，它们占不到任何便宜，不过几个回合，它们便落了下风。

谁也没料到会出现第三只幻兽，它并没有加入战团，而是向着学堂冲了过来，巨大的身躯撞开了大门，孩子们四散而逃，一个孩子摔倒了，我赶忙上前打算把她抱开，可是来不及了，那只发了疯的幻兽已经向我冲来。

"库麦尔！"我害怕极了。

库麦尔顾不上向他扑来的幻兽，反手将剑投了过来，但是在出手的瞬间，他被幻兽撞倒，长剑跌落在地。我死命地抱着那个孩子，绝望地闭上眼睛。

轰的一声巨响。

"快走！"斯蒂芬妮的声音从身后传来，我睁开眼睛，无数的鲜花在我的面前飞舞，它们重新汇聚成一道密实而绚烂的墙，挡在我和幻兽之间，我终于明白，适才的巨响是幻兽撞在这花墙上的声音。

鲜花，无数的鲜花仍在源源不断地向这里飞来，它们逐渐变化成三只笼子，将幻兽紧紧地包裹住。刚刚受惊的孩子们纷纷发出惊叹，连那几只发疯的幻兽似乎也被这景象震慑住了。

有人喊来了附近的治安队，真是糟糕，如果被带到治安官安东诺男爵那里，我的出行计划恐怕就要夭折了。

"哎哟，我的孩子们啊！"库麦尔姊姊来得真是时候，治安队的小队长认识库麦尔姊姊，一听说我们是她家的孩子，便卖了个人情，将我们放行，只留下了斯蒂芬妮。我看到斯蒂芬妮偷偷扯住库麦尔的衣袖，希望他能帮忙说情，但是库麦尔只是背起了诗寇蒂，并没有再看她一眼。

他踏过一地落花，迈过破碎的学堂大门，经过三只被鲜花困住的幻兽，猛地停住了脚步。

后来，我们一起去医馆接受检查，我只是膝盖擦破了一点皮，而库麦尔的身上却到处都是伤，我看到库麦尔姊姊背过身，偷偷地抹了抹眼泪。

医疗

亚特王国的医疗体系分为自然治疗和魔法治疗两个派系。两个派系都起源于人族的早期，最初曾共同探索，很快就分道扬镳。

自然治疗派发现有些植物的花草根叶等可以缓解甚至解除一些病痛，他们不断尝试，记录下不同植物不同部位的疗效。后来他们发现有些矿物同样具有治疗功能，于是在矿山转悠品尝各种矿物，一度被讥笑为"嚼石头的"。他们一代一代探索着能治病的植物、矿物、动物，发明了各种治疗方法，比如放血疗法、锤击疗法、濒死疗法。

魔法治疗派发现使用魔石中的创造之力可以达到治疗效果。很快他们加入魔法师，使用创造之力做更多的事，治疗只是其中的一小部分。

如今城西八大学院中教的都是自然治疗学，以科尔泰学派的曼犹达学院成就最高。曼犹达学院的院长聂尔顿先生就是医疗学教授，他在前人的研究基础上发明了火烧、土埋、毒虫刺咬等疗法，总结出"以伤治病、以毒攻毒"的理论。聂尔顿平生救人无数，被誉为"死神克星"。他的学生遍布卡诺萨，连王家专用医生都曾师从于他。

卡诺萨的医生分为五级：

最高级的医生是院医，如聂尔顿先生，一般在学院传授医道。他们已多年不亲自看诊，享受王国、学院资助人的双重薪资。

次高级的医生是府医，他们在宫廷、大贵族家做专用医生。他们年富力强，技艺高超，享受雇主提供的丰厚薪资，工作轻松，缺乏挑战。雇主们怕他们技艺荒疏，往往会建一个小实验室供他们继续探索医道，或者在府里开一家小诊室，在空闲时给外人看病，保持医生应有的敏感度和放血、锤击等技能。

第三级医生是城医。城医都在王国设立的医馆任职。王国提供的薪资不算优厚，但不值班的时候，城医可以给富商当私人医生。他们业余时间也可以应邀出诊，获得额外报酬。卡诺萨和王国主要城市都设有国立医馆，每个医馆大约有十名医生和二十名实习医生。

第四级医生是村医。他们是娜斯达婷的传人，是王国医疗体系中特殊的一群。他们是魔法师的一支，专门制作和使用魔药。他们治疗的都是乡村常见的病症。他们的薪水由村民筹集支付。

最末一级是背着药箱走街串巷的游医。他们的师承可疑，医术莫测，号称有祖传秘方，能治百病。游医鱼龙混杂，其中既有庸医、骗子，也有深藏不露的高手。游医收费低，仆役、学徒等低收入者最喜欢找他们看病。

严格地说，现在亚特王国的医界没有魔法治疗派，而是魔法师有治疗魔法。魔法师施法的效果比医生好，也快，要消耗魔石，收费也高得多。有一次我摔断了胳膊，崔尔登大法师念了个复原咒，一下子就好了。

不过魔法师也并非能医百病，如果某种病症魔法书里没记载治疗它的咒语、魔药或者法阵，那么就算是崔尔登本人也无计可施。

另外，教会有他们自己的治疗手段，不过通常应用于战场急救之类的特殊场合，不属于上述日常医疗体系。

以上为《四海王典·真正的卡诺萨》之章（待续），赫丽一世补撰。

诗寇蒂终于恢复了正常，我们打算将手帕还给斯蒂芬妮，但她再次不辞而别。

说到斯蒂芬妮，我必须承认自己从未见过如此令人震惊的魔法，我想到了弗南学院里那些会说话的花，它们会不会也跟她有关？她真的是我堂叔格力美尔森大公的孩子吗？我有些怀疑。

明天我们就要离开卡诺萨城，想到要与库麦尔姐姐告别，我有些难过。不要紧，等我完成了补撰《四海王典》的工作，再回来探望他们吧。就在刚才，在库麦尔姐姐的帮助下，我补完了"真正的卡诺萨"章节剩余的部分，如下。

婚丧

亚特王国的律法并没有规定结婚双方要门当户对。不过有共同家世的两个人缔结婚姻更容易被接受。贵族公子娶平民女儿，或者公主小姐下嫁给平民这样的事在戏剧里倒是常见，在现实中我只知道苏瑟堂姐有这个可能，没听过第二个实例。

婚事确定之后，就要筹备婚礼。婚礼前男家要给女家聘礼，女家要给男家嫁妆。聘礼和嫁妆并不重，两家量力而行，有时只是象征性的。我听过一对夫妻吵架，妻子说"你家用一头猪就把我娶过来了，你还想让我干多少活"，丈夫说"你嫁到我家就只骑了一匹瘦驴，你还想当女王是怎么着"，颇为有趣。

下了聘礼送了嫁妆就要举办婚礼了。婚礼是卡诺萨人的人生大礼，最为隆重。婚礼的日子要请西里尔学院的学生占星卜卦，如果是贵族或者富商则可以请西里尔学院的学者亲自出手，确保婚礼当天一定是个天气晴朗的好日子。

婚礼当天男家要派接亲队去女家接亲。接亲队中要有一名骑士、一名法师、一名爵士。正牌骑士不好请，可以请见习骑士；法师不好请可以请学徒；爵士请不动可以请侍从。要不然就请几个伶人扮演。实在不行，自己家人亲友租几套戏服穿上也行一样。

接亲队到女方门口，骑士、法师和爵士分别递上一份劝婚书，上面写明男方有多少美德，多么勇敢，多么睿智，劝女方接受这门婚事。女方则由新娘父亲接过劝婚书，向四周的人们询问劝婚书上说的是否是真的。连续询问三次如果无人指出有假，新娘家大门打开，接亲队鱼贯而入。

在新娘家里，新娘要三次表示不愿嫁，谓之"留亲"，父母要三次催促她出嫁，谓之"别亲"。别亲之后请来的吟游诗人演唱《别亲歌》，新娘才跟着新郎离开。接下来是证婚环节。他们可以去市政厅请卡诺萨市长证婚——当然要付一笔证婚费；也可以直接到男家，面向王宫方向，就算是请国王证了婚。

婚礼至此完成，宾客开始欢宴。

亚特人的丧礼非常低调，一般在傍晚进行。参加者通常只限于逝者的至亲和少数逝者生前指定的好友。

亚特人实行土葬，墓地在城外东面。太阳即将落山时，逝者亲友抬着棺材穿过逝者家周边街巷，然后把棺材装上马车。送丧队伍身穿黑衣，沉默不语。来到墓地，大家把棺木放进墓穴。魔法师布下安息法阵，确保死者的安宁不被狐兔之类打扰。吟游诗人轻声吟唱逝者生前的美德。同时墓葬工往墓穴填土，立起墓碑。吟唱完毕，送葬者轮流和逝者做最后的告别，由此葬礼完成。

上至王侯，下至乞丐，亚特人的葬礼都是如此简单。一个人死后一直被人记得，那么他还活着；而一个人死后很快被人遗忘，才真的是死了。亲爱的父亲、母亲，你们说对吗？

公共设施

市民广场、角斗场、集市等都属于卡诺萨的公共设施。

幻兽园是卡诺萨最有趣的公共设施。卡诺萨共有两座幻兽园，都是泰林王时期兴建的。一座位于市民广场附近，俗称北幻兽园；另一座靠近富商区，俗称南幻兽园。

幻兽园占地广，里面种植了大量适合幻兽的花木。那些幻兽的主人经常带幻兽来此漫步，让幻兽得到放松。园中建有大量小水池，供喜欢水的幻兽泡在里面小憩。幻兽得到放松之后，脾气都变得很好。即使那些平时最好斗的，见到同类时也不再心浮气躁。

幻兽学家的研究表明，经常带幻兽来幻兽园会增加人与幻兽的亲密度。库麦尔常带他的幻兽去北幻兽园。每次从幻兽园回来，他那张严肃的石头脸，都会显露一丝笑意。

大约五十年前我祖父在位时期，富商庞加尼家向南幻兽园捐了一笔钱，以修缮老旧的设施，然后，他还提出想购买南幻兽园。他承诺，未来南幻兽园将仍然对市民开放，只不过要收几枚铜麦币作为门票。祖父断然拒绝。

醒酒所是又一个有趣的公共设施。它

的功用是临时收留醉鬼。他们往往意识不清、无法行动。卡诺萨有5个醒酒所，1个设在治安队，4个设在治安小队。每逢节庆，治安队的人驾驶马车在街巷巡逻，见到醉鬼就抬到车上。有人抱怨他们动作太粗暴，把酒醉的人一个压一个摞在马车车厢里，就像堆一袋袋土豆一样。

到了醒酒所，治安兵把他们摆在大厅醒酒。大厅里只为每个醉汉铺了张薄地毯，没有枕头、被子之类的卧具。这总比让他们露宿街头要好。特别是冬天，如果不能及时把他们挪进醒酒所，会被冻死的。

治安兵们醒酒的方式也很招抱怨：如果醉鬼天亮时还没醒，治安兵就用凉水浇头；再不醒就抽他们的耳光；还不醒就把他们扔进满是苍耳等长刺植物的池子里。等他们头破血流地从里面爬出来，就一脚把他们踢到大街上。

卡诺萨最有用的公共设施，我看就是大浴池。大浴池是王国出资建造的，位于市民广场南边。据学者考证，勤洗澡的习惯最初起源于军中。当年人魔战事频繁，每逢战斗勇士们身上无不沾满魔族的脏血。无论多累，他们都要及时将脏血洗掉。久而久之，大家便养成了勤洗澡的习惯。

然而时过境迁，现在的军营里并没有浴池。包括波尔青司令官在内，所有军人夏天洗澡都靠下雨，冬天就以雪擦身。

大浴池是一座长方形建筑，分为男女两部分。每部分都有十多个大大小小的水池。池水的温度有凉有热，方便浴客各取所需。热水来自于挖掘出来的热泉。有人担心热泉与传说中城西地下的火系魔物有关联，但崔尔登大法师亲自出面，否认了这种可能。

去大浴池洗澡需要买票，但票价很便宜，就算普通学徒、仆役也买得起。

治安

卡诺萨的治安归治安队管。治安队的首领是治安官安东诺男爵。安东诺男爵曾是波尔青司令官的手下，战争中为救波尔青失去了右手。波尔青花重金请康多法师给安东诺造了一只附魔假手，假手比真手更有力，但灵活度差一些。于是安东诺得到"魔手"的绰号。

在市政厅旁边有一座两层高的大房子，那里就是治安队。治安队一层设有接待室、羁押处、醒酒所、讯问室和消防所，二层是办公室。治安队共有30个人，其中20个是治安兵，5个是文书，还有5个是簿记官。

治安队下辖四个小队，办公地点分别位于市民广场、八大学院东边、南幻兽园和城东的国王医院。每个治安小队设有1名队长、10名治安兵、1名文书、1名簿记官。

治安兵分为两班日夜巡逻。他们身着轻便的皮甲，随身携带单手剑和十字弓。他们要对付的是小偷、强盗。他们对管区的灰色、黑色组织非常熟悉，发生盗窃案时他们稍加询问就对作案者是谁、背后有什么势力心中有数。他们会找到小偷所属的组织，拿回八成被窃的财物。真正让他们头疼的是独行大盗。独行大盗在一个城市连续作几次大案后跑到另一个城市，有时就是一夜之间的事，让他们无从追捕。这种案件影响大，往往越传越离奇。遇到这种事，肯尼迪斯科家的《亚特周刊》就像猫见了鱼一样兴奋，一个劲添油加醋，还会出号外。

而强盗都是亡命徒，没有妥协的余地，对付他们只能使用武力。治安兵都曾在军中服役，是从战场上的尸山血海里爬出来的人，对付这些打家劫舍的强盗不在话下。

卡诺萨的谋杀案不多。市民们相信"魔手"会把他的朋友康多法师请来，布法阵重现犯罪场景，凶手是谁一目了然。治安队确实会向魔法师求助，不过布一个重现法阵难度很大，要消耗很多魔石，治安队拿不出这笔钱，市政厅也没有这笔预算。而且这种法阵有一半的失败率，一旦失败魔法师会遭到反噬，康多不敢轻易布这种法阵。之所以会有这种说法，是因为有几个案子中苦主是贵族或者富商，他们自己出钱请魔法师协助破的案。而且那几次也并不是布什么重现法阵，只是对几个嫌疑人使用了"实话咒"。这些事越传越离谱，考虑到对治安队有利，安东诺总是不承认也不否认，一副心照不宣的样子。

治安队有一个小组，由安东诺亲自领导。这个小组的成员有精灵、地精、矮人，专门负责涉及外种族的治安案件。他们熟悉自己种族在卡诺萨的居住、从业等状况，也了解他们加入了哪些有问题的组织。亚特王国的法律对他们一视同仁，安东诺又很公正，对外种族人既不骄纵也不歧视，小组的人对"魔手"很是钦服，办起案来不遗余力。

卡诺萨是个相对安全的城市。虽然做不到日不拾遗、夜不闭户，但还是可以给市民基本的安全感的。

卡诺萨的外来者
——精灵、矮人、地精

卡诺萨是个包容的城市，除了人类以外，精灵、矮人和地精都是这里的常客。人类深知自己的不足——短暂的生命让我们无法像精灵那样从容不迫，用近乎无限的时间去积累经验与智慧；好奇的天性又使得我们无法像矮人那样专注，将一项技艺锤炼得至臻至极。但我们的祖先却巧妙地将这些弱点转变为人类的优势，即超乎寻常的学习和领悟能力，让人类在亚特大陆上独占鳌头。

人类对世间万物充满兴趣，像海绵一样吸收着各个种族的知识与技术；同时不会受到规范与传统的束缚，不断涌现的新鲜想法和创意让我们能够自由地尝试各种可能性，对前人的成果进行改进与完善。正是凭借这一独一无二的能力，人类的足迹才能遍布这片大陆，不论处在如何险恶的环境之下，我们都能够努力开创出新的天地。

精灵

精灵是在外貌和身形上与人类最为接近的种族，他们也喜欢穿着人类的服饰，在款式选择上更偏好舒适宽松的衣裤或裙袍。但精灵不喜欢人类的鞋子和雨具，认为这样会阻断自己与自然之间的连接。下雨的时候，经常可以看到在雨中悠闲漫步的精灵，毫不介意精心编制的发辫被雨水打湿。精灵们大多选择城中地势较高的房屋居住。他们往往在砖木之上再覆盖一层圆木和树枝。这些材料经过特殊炼金药剂浸泡，不易朽坏。接触到水后，木材表面还会长出一层苔藓和蕨类，颜色深浅不一，让精灵们有一种生活在森林当中的感觉。

精灵们在卡诺萨城中常常从事珠宝制

造和服饰设计工作，贵族们以穿着精灵缝制的衣物作为其身份高贵的象征。精灵们典雅的品位和精巧的构思令这些衣物和饰品独具特色。尽管价格昂贵，仍是女性贵族们竞相追逐的对象，尤其是最新的款式和设计。宫廷也会定期采购数量庞大的精灵工艺品，作为装饰使用。

在酒馆和各种艺术场所也不乏精灵的身影。精灵喜欢音乐、戏剧和绘画，并且颇具天赋。经常能看到精灵吟游诗人在酒馆中表演，或是精灵画家开设的画展，至于精灵演艺者，更是音乐厅和剧院的票房保证。

矮人

矮人不论男女都有一脸浓密蓬松的胡须，这是他们的标志。矮人注重实用性，除了重大节日外，很少能看到他们穿着工作服以外的服装。从外表看上去，矮人们居住的房屋和人类的没有区别。但进屋后，你会发现里面别有洞天。无论房屋原本的结构如何，矮人们一定会增建一层地下室作为自己的卧室，仿佛头顶没有泥土和岩石就无法入睡。

武器制造和金属冶炼是矮人的专长，城里的铁匠铺几乎被矮人垄断。也有不少矮人选择开设商铺，贩卖矮人特产的烈酒和武器装备等。但他们粗犷的性格严重影响了经营，那些能够长久存在的店铺一般都是由地精进行日常管理，而矮人只负责进货和运输。

人类经常开玩笑地说矮人的身体里流淌的不是血液，而是酒精。这种说法并不是空穴来风，矮人对于酒的喜爱简直到了痴迷的程度。矮人喜欢各种烈酒，为了品尝不同的珍酿，甚至会同意免费为其他种族工作。夜幕降临的酒馆里挤满了刚刚结束工作的矮人，他们大声喧哗吵闹，兴致起来还会拉着旁边的不管什么种族唱起祝酒歌。矮人们特别讨厌精灵矫揉造作的诗歌和音乐，轮到精灵吟游诗人演奏时，他们往往不是嘘声一片，就是捂起耳朵闷头喝酒。

地精

走在卡诺萨的大街小巷中，你很难分辨从自己身边快速跑过的，那些带着兜帽或穿着斗篷的矮小生物是地精还是人类的孩童。地精们随遇而安。他们原本住在洞穴中，对于居住环境并不挑剔，也不太关注房屋的美观和细节。毕竟对于地精们来说，能赚到银典币的地方就是乐土。

只要有利可图，地精什么事都愿意干。"力量街"上有大量地精开设的商铺，一般售卖炼金物品、机械零件以及工程图纸等。有些地精选择进入各大商会，担任会计或库房管理一类的职务；另一些会作为"职业经营者"受雇于其他商人，负责管理他们的产业和店铺；还有不少会加入盗贼工会，或靠

111

着唬骗初来乍到的旅行者在城里"讨生活"。

地精对于各种形式的艺术和文化毫不关心，认为就是在浪费时间。但如果有必要，主要是看银典币的多寡，他们也能将这些知识倒背如流，丝毫不逊于任何专业学者。地精觉得自己的远亲，那些整日围着炉火打转的矮人太过蠢笨。他们更喜欢组装和设计各种机械装置，平时喜欢研究一些稀奇古怪的发明。不少让人摸不着头脑的事故和离奇古怪的案件，最后证明都是地精们由于"小小的失误"所引发的"无伤大雅的插曲"。

以上为《四海王典·真正的卡诺萨》之章（续完），赫丽一世补撰于卡诺萨城库麦尔家。

今天这场难忘的迎春日大混战耽误了我们半天的时间，原定下午要去拜访若斯梯家的计划只得推迟。晚餐后，我们决定先出发到城南找地方下榻，明天一早就去找若斯梯，以便能赶在明天中午前出城。

"卡诺萨里无好人"

旧历春月卅一日　多云转阵雨

我们一大清早到了新金匠街。果然，一打听就找到了若斯梯家。他的家艳俗浮夸，恨不能直接把钱贴在房子表面。他殷勤地把我们请进家里，让其他人回避之后，带我们来到一间密室。

密室的门又厚又重，打开时发出齿轮咬合的咯咯声。若斯梯轻手轻脚地走在前面，似乎生怕惊扰了神明。

密室里没有烛火，几颗来自贵尔比公国的魔法珍珠发出清幽的光亮当照明。若斯梯小心地捧出一个木盒放在桌上，看那木盒的大小倒也能盛下《四海王典》。盒盖上浮雕着一个身披全套金色铠甲的骑士，那骑士显然是附过魔的，从盒盖上站起来拔出长剑喝问：

"来者何人？"

若斯梯用一种极为谦卑虔诚的语气说：

"四海之王忠实的臣民。"

金色骑士举起剑：

"伸出你的手。"

若斯梯毫不犹豫地伸出右手食指，骑士刺破他的食指，剑尖上沾了一点血，随即红光一闪，骑士重新回到盒盖上，盒子缓缓打开。若斯梯屏息凝神，捧出一面方形铜镜。镜面见了光，现出一个中年女人的面容。

"什么事？"

若斯梯低声说：

"她知道世间的一切，想知道什么都可以问她。"

诗寇蒂凑过去。没等她说话，那女人又说：

"我认识你。我知道你的过去、现在和未来。我可以为你指点一切迷津。"

诗寇蒂很紧张，几次欲言又止。若斯梯小声而急促地说：

"快点问！"

库麦尔拉开诗寇蒂，问：

"认识我吗？"

镜中女人打量着他：

"当然。"

"那么，我一生中最大的敌人会是谁？"

113

"在你命运的深处，遥远的前方。"

"说明白点儿！他的名字？"

"它的名字是死亡。这是你唯一无法战胜的敌人。但是不用怕，你将得享高寿，无疾而终。"

库麦尔和诗寇蒂面面相觑。

"它预言了你的命运，"若斯梯拍了拍库麦尔的肩，"令人羡慕的命运。这件国宝，你们不要问是怎么到我手里的，其中的曲折就不讲给你们听了。你们救了我的命，我理应把它送给你们，但是它太贵重了，远远超过我这条卑微的小命。所以——"

他正要说出他想要的价格，我走到镜子前问它：

"此时此刻卡诺萨有多少人口？"

"一亿五千七百四十万三千六百零五人。"

瞎说。

"亚特大陆上有多少个魔法师？"

"四个。"

瞎说。

"我的名字是什么？"

"你的名字，你的名字，你的名字……"

她不断重复着这句话。若斯梯气急败坏：

"不要问这样的问题，它又不是簿记官！"

"不是说世上的事没有一件它不知道吗？"

若斯梯摇着头抓起那铜镜放回盒子。

"你们没有诚意，冒犯了宝物。我必须……哎哟！"

库麦尔和诗寇蒂都已经看明白，所谓的宝物不过是某个魔法师帮他搞出来的骗局。诗寇蒂气得狠狠给了若斯梯一拳，那盒子从若斯梯手里掉下去，铜镜摔在地上发出一道闪光，随之镜面黯淡下来，那个胡说八道的女人影像不见了。

若斯梯尖叫着跑出密室，召集他的保镖。库麦尔在前面开路，只用拳头就打倒了那些不中用的保镖。若斯梯派人去找治安队。离这里最近的治安小队在南幻兽国，等他们赶到这里，我们早已出了卡诺萨，奔向亚特王国广阔的农村了。

我们就这样离开了我生长于斯十五年的卡诺萨城。此刻我的心绪复杂，有种奇怪的小小酸楚。我有必要将我所知道的这座城市的历史，乃至我国的城市史，在此作一简述。

THE URBAN
CONGLOMERATE
ASSEMBLY

第四章
乌别夫卡有什么错？
—— 城市集团会议

这些台面下的事儿是在宴请、拜访、马车交错时的短暂交谈、偶遇时一个暧昧的手势中完成的。

沿革

王国初建的时候，卡诺萨的市长是国王任命的，有些年直接由首相兼任。

灭世之爆之后，各大商会、职业协会、行业协会以及蓝袍魔法师协会麇集卡诺萨，卡诺萨日益繁荣。城市南部发展为亚特王国的贸易中心，造就了越来越多的富商，圣欧斯商会也日益壮大。而贸易的发达也带动了各行各业，创造出更多的财富。然而即使财富再多，商人、技师们也只是平民，在破落到哪怕连洗衣服的钱都付不起的从男爵面前，仍然得让路、行礼。

大约700年前米洛克王在位期间，亚特大陆爆发大瘟疫，病死者遍地。蓝袍魔法师协会首先被瘟疫打倒，高阶法师接连病故，余者束手无策。当时的卡诺萨市市长乌别夫卡伯爵弃城而逃，全仗圣欧斯商会会长图兰组织商界和公会、职业协会维持住了崩溃边缘的秩序。女法师娜达斯婷造出治疗瘟疫的魔药，图兰仗义疏财助她扩大制药规模，挽救了卡诺萨，挽救了亚特王国。

瘟疫过后，乌别夫卡厚着脸皮回到卡诺萨，米洛克王竟然没给他任何处罚。民众被激怒，各商会、公会、职业协会和蓝袍魔法师协会联名上书要求罢免乌别夫卡，遭到拒绝。卡诺萨民众宣布不再听从乌别夫卡的命令，只愿意服从图兰。卡诺萨同时存在两套彼此冲突的政令，服从图兰的人更多。

这个时期史称"二市长并立时期"。双方对峙的第三年，乌别夫卡下令逮捕图兰，治安官不愿意执行命令，找各种理由推脱；乌别夫卡又下令解散圣欧斯商会，只得到一片嘲笑。蓝袍魔法师协会会长、新任大法师里奥斯公开宣布法师会站在民众一边，乌别夫卡的政令连市政厅都出不了。近卫军之中有半数人支持米洛克王，另外一半则支持图兰。

米洛克王下令镇压。但镇压的命令还没出宫门，他就暴病身亡。新王胡斯委派首相和图兰、里奥斯等谈判，达成著名的胡斯协议，即卡诺萨市市长不再由国王直接委任，而是由各商会、公会、职业协会和蓝袍魔法师协会共同成立一个组织从贵族中推选。这个组织就是后来的城市集团会议。

民众对这个协议并不满意。他们不想从贵族中选市长，提出要么取消只有贵族才能当市长的规定，要么授予图兰贵族爵位。这两点胡斯都坚定地拒绝了。眼看纷争又起，图兰声明自己不当市长，胡斯也同意未来的市长发布的政令需要城市集团会议同意才能正式施行。城市集团会议顺利成立，肯尼迪斯科家族的一位人缘不错的老伯爵当选新一任卡诺萨市市长。

到了200多年前的李博王时期，在蓝袍法师公会的推动下，国王修改了卡诺萨市市长必须是贵族的规定。但也拒绝了给平民出身的市长授荣誉爵位。而城市集团会议中则增加了普通市民代表团。

推选市长

城市集团会议成立之初，所有的成员都有权提名候选人，也有权给候选人投票。结果候选人往往有几十甚至上百名，投一次票往往要好几天，而最后当选的候选人得票也很低。有一年甚至出现了"在激烈的竞争中某伯爵以4票对3票战胜强大的竞争对手当选"的闹剧。

几经演变，规则改成了由12个商会、公会、职业协会、蓝袍魔法师协会、市民代表团等团体内部先行协商，各自推举一名候选人，然后大家按不同的权重投票、计票。其中蓝袍魔法师协会权重是3，圣欧斯商会、锻造师公会等大商会、大公会权重为2，小商会、小公会和市民代表团权重为1。

以李博王时期划线，城市集团会议推选市长分为前后两个阶段。

第一个阶段大家对未来的市长都抱有戒心。因为他是替国王来管束他们的，动不动就要加税。虽然他们可以否决加税的政令，但他也会扣住对他们有利的政令不发作为制衡。连蓝袍魔法师协会对此都无可奈何。虽然魔法师备受尊崇，但"县官不如现管"，法师们施法获利要交税，但魔石的成本本来就很高，如果市长提高所得税率，法师们也受不了。

第二阶段大家都跃跃欲试，希望自己提名的候选人当上市长。市长候选人需要具备三个条件：

1.可以不是贵族。或者说，不可以是贵族。李博王之后这么多年，还没有一个贵族被提名呢。

2.公正无私。至少得有这个声望。

3.家境殷实。家境殷实的人不易被钱财收买。

在正式投票前，各方会频繁协商、游说、交易，期望下任市长对己方最有利，又不至于让其他势力接受不了。通常明显对某一方有利的候选人没机会当选，因为大家宁可让一个所有人都勉强接受的人当市长，也不想让某一方占据优势。

这些台面下的事儿是在宴请、拜访、马车交错时的短暂交谈、偶遇时一个暧昧的手势中完成的，不知要费多大心力。可笑的是最近十几年，一张轻飘飘的纸往往不经意地就把这些费尽心力的苦心安排打得粉碎。

这张纸就是《亚特周刊》，是由每月发送到各行省、各大臣的《朝廷文报》发展而来的。上次卡诺萨市市长选举的时候，我听说各方势力达成共识，推选赫尔墨斯商会的会长、魔物调料商吕迪奇。然而城市集团会议投票前五天，《亚特周刊》刊登了一条吕迪奇酒醉殴打手下簿记员的消息。这个簿记员虽然穷，却是王宫税务官提皮斯家族的人。吕迪奇酒醒后道歉赔偿，以为这事儿过去了，不料被《亚特周刊》捅了出来。卡诺萨人并非人人识字，但这份周刊附了魔法，会自动读出声，于是这件事轰动全城，圣欧斯商会也好，蓝袍魔法师协会也罢，都没法儿假装不知道。于是他们仓促间选了个谁都不喜欢的人当市长，真是讽刺。

月度报告

城市集团会议每月会在市政厅开一次会，参加方是12个团体和市长。12个团体会向市长提出问题、要求，并对市长准备推出的政令进行讨论。由于讨论过程琐碎而漫长，市长不得不给这些人——正是这些人选他坐上市长宝座——供应午餐、晚餐甚至夜宵。税务是大家都关心的问题，市长经常夹在财政大臣和12团体之间受夹板气。比如今年，当他不得不宣布同意商业大臣伊卡诺德公爵对魔物业加税的决定时，遭到12团体一致抨击。市长委屈地告诉他们，如果自己不同意，那么伊卡诺德公爵会提高来自各公国货物的入城税（钱是落到国库的，所以也叫国王税）。12团体权衡、争吵之后，有条件地同意了给魔物行业加税的政令。

会后市长的文书会把纪要整理出来，市长和12团体代表签字后呈送索文首相。如果市长认为有必要，则可以向首相申请去御前会议陈情。

我经常要来报告翻阅。索文首相对此很欣慰，夸奖我将来一定是个能体察民情的好君主。我登基后在宫中五年足不出户，确实需要了解我脚下的这座城市。不过我没告诉索文首相的是，我是抱着看故事的心态读这份报告的。市长5年一换，文书却20年不变。文书的笔法非常生动，令人身临其境。如果将来文书换人了，我就不一定读这份报告了。

卡诺萨市市长

现任市长菲尔丁·布加南也属于赫尔墨斯商会，经营着数家饲养低魔性魔物的牧场和布加南魔物餐馆连锁店。和咄咄逼人的吕迪奇比起来，他低调温和得多。不过根据埃克·肯尼迪斯科的情报，菲尔丁年轻的时候在迷梦沼泽一带走私、盗墓，什么都干，据传他去过传说中的夜光古城，弄到不少珍宝。

埃克·肯尼迪斯科的情报里说，布加南其实是治安官派出去的一名卧底，主要任务是查清迷梦沼泽走私活动的详情，调查夜光古城的底细。

从迷梦沼泽回来后他并没有回到治安队，而是接受新的委派打入赫尔墨斯商会。赫尔墨斯商会崛起速度太快，索文怀疑他们靠非法活动扩张，于是命令卡诺萨市市长查清楚。层层委派之后，这个任务落到了布加南身上。他用走私赚来的钱开起魔物菜馆，先是短暂加入圣欧斯商会，然后找机会和圣欧斯商会会长吵了一架，脱离了圣欧斯。

不久赫尔墨斯商会找到他，他表示圣欧斯商会头脑太僵化，放着现成的钱不赚。赫尔墨斯商会拉他入伙。

据他调查到的情况是，赫尔墨斯商会崇尚金钱至上，在法律边缘游走，甚至暗中突破边界。他们与高利贷商会、地下赌场、街头混混帮派都有来往。布加南想做巴豚兽生意，他向赫尔墨斯商会提出需要商会支持。去霜焰河收购巴豚兽的时候，商会给他找了个无证法师高德，高德带他到巴豚兽出没的河段下了个毒咒，方圆百米内的生物全被毒死，包括一大两小三只巴豚兽和不计其数的鱼类。高德说毒素集中在巴豚兽的肺部，去掉它的肺就可以贩卖了。

他在赫尔墨斯商会卧底数年，并没有像治安官希望的那样查到严重的非法行为。而他能当上市长，我怀疑不全是运气。我想知道《亚特周刊》上那个消息是怎么出炉的，和布加南有没有关系，但埃克·肯尼迪斯科的情报里只字未提。

以上为《四海王典·城市集团会议》之章，赫丽一世补撰于前往风车镇的旅途中。

第五章
王国农村的代表
—— 风车镇

TOWN OF WINDMILS

这一日一夜里发生了什么，我没看到。但我能确定的是，我的白银骑士的确有什么不一样了。

风车与磨坊

亚特王国的领土主要在雷鸣大陆。雷鸣大陆北面是雪狼冰原，西临庇护山，南接沼泽，东面是大海。雷鸣大陆主体是平原，土地广阔而肥沃，自古就是亚特大陆的主要产粮区。

雷鸣大陆四季分明，阳光雨水充足，最主要的农作物是麦类。亚特王国大部分农田种植小麦和大麦，卡诺萨一带有农民种植燕麦，雷鸣平原北部比较寒冷的地区种植黑麦。

麦类作物相对容易种植，管理也不复杂，因此亚特农民有精力养殖猪、羊、牛等畜类和各种禽类。

猪肉是亚特人最主要的肉食。绵羊提供羊毛制衣，山羊提供羊奶制作奶酪，养牛则为了取奶和耕地。除此外农民们还喜欢在院子里养肥鹅、肥鸡。沿河居民会捕鱼作为肉类的补充。

在亚特王国的900万居民中，有720万住在农村，位于卡诺萨南面的风车镇就是其中的代表。

跨过卡诺萨南门的吊桥，是一条宽阔平整的土路。一路上，商队南来北往，如同行军的队伍，马嘶牛吼，热闹非常。不到半日路程，远远望见一排风车，有如巨人挥动着手臂矗立在花海之中。那就是风车镇了。

风车镇隶属于博兹费行省，人口约4000人。

早在第一创世纪的时候，先民在此开荒建房。直到现在，村民们耕田时还能挖到粗重、古朴，刻着简单图案、花纹的器物；第二创世纪时魔族入侵，雷鸣大陆在英雄拉格勒斯的带领下奋起反击。传说拉格勒斯天生有神力，武器是一把重达1000斤的铁锤，没有一个魔族将军或者勇士能够抵挡。附近的农民纷纷投奔拉格勒斯，他的队伍越来越壮大。

魔族元帅在战场上奈何不了拉格勒斯，于是假装和谈，表示愿意退兵，但要求人族给予他们财物补偿。趁拉格勒斯低头看协议时，魔族元帅把一条手指大的毒蛇丢到他脸上，毒蛇喷出毒雾，毒瞎了他的双眼。双目失明的拉格勒斯血战了一天，终于被魔族抓住。

拉格勒斯死后这一地区被魔族占领，人类逃散。魔族军队继续进攻人类的定居点，这里渐渐荒僻，成了魔物的天下。

　　我对这段一直有些疑虑，且不说第二创世纪魔族入侵的最高统帅是不是元帅，光看元帅策划的这一手丢蛇阴谋，就感觉魔族的智慧，似乎也就够创作个在魔域大剧院上演的故事。费里尔公爵对我的提问很不满，他极度推崇《拉格勒斯史诗》，每每朗诵拉格勒斯双目失明的篇章，都会泪眼蒙眬。

　　人类重新返回雷鸣大陆，阿格里斯的军队一路打到海边。雷鸣平原土地肥沃，气候宜人，越来越多的人返回故土。风车镇一带靠近卡诺萨，为国都供应粮食和各种农产品。

　　灭世之爆时连日暴雨，风车镇水深没膝。天晴后镇长霍利斯带领精壮劳力开渠排涝，整修田地。之后补种晚播晚熟的麦种，到秋天不至于挨饿。那年秋收后，人们请矮人帮忙建造了七个风车推磨磨面，风车镇由此得名。

　　磨坊是村里的公共财产，由镇长负责管理。需要维修时镇长会请来矮人工匠，所需费用由全镇均摊。农民如果要使用磨坊，需提前跟镇长打招呼。镇长则根据麦子的重量，规定农民使用磨坊的时间。如果有人运气不好，在该他使用磨坊的时候偏巧无风，他只能请求镇长重新安排时间。

　　风车镇下属有东香、西明、蓝花三个村，每个村都有上千人。最大的是东香村。它有一个农场、一个牧场，还有几百户自耕农。在农场、牧场工作的都是雇佣来的长工和短工。这些人当中有退伍的士兵、破产的小店主、外种族人甚至流浪汉。在农场干活的也有本地农民，不过他们是在干完自家农活后来这儿赚点外快。他们是亚特王国的农民，干好农活不仅是家里的事，也是王国的事。

农民的身份

亚特王国是个农业国,财富的积聚靠的不是对外掠夺战争,而是农民的耕种。为了保证农业的稳定,王国法律规定:非经官方特许,亚特王国的农民不得随意改变职业,必须从事农业;农民的直系后代,仍是农民身份。

作为一个农业国,亚特王国经不起农民大量流失,这在历史上有过先例。400多年前,泰林王的孙子普林王在位期间,卡诺萨突然时兴魔法画,制作魔法画需要产自阿特拉斯断裂山的七彩土,魔法画制造商开出高价大量收购:一小瓶红色土能顶市政厅簿记官工作十天的报酬。而最珍稀的紫色土,价格更是红色土的十倍。

卡诺萨人受上司或老板的约束,白天无法脱身,而去阿特拉斯断裂山的路也不近,就算收了工就往山上跑也只能忙几个小时,天不亮就得返回卡诺萨。

而卡诺萨附近的农民直接丢下一切就上了山,十天半月才下山一次。他们背着皮袋,举着锤子敲敲打打,蹲在地上用铲子细心地挖。那正是春播时节,村里的男男女女甚至孩子都在山上,无人去播种,连家养的禽畜都没人照顾。这股风潮持续到夏天,魔法画制造商渐渐停止了收购,农民们陆续回到家。农时错过了,他们也无心补种,拿着大把银典和铜麦币,还怕饿肚子吗?有好多人离开村子到城里找机会。

那年秋天,雷鸣大陆很多村子颗粒无收,粮价高涨。卡诺萨市民叫苦不迭,而打算用钱买粮的农民也傻了眼:粮价涨了三倍不止,他们手里的钱大大缩水。那年王国的粮食不够吃,不得不从费尔比公国买了十几船弥补不足。

从那之后,王国以法律的形式把农民固定在土地上。农民要改变身份必须经过官方许可,指的只有一种情况:发现他有魔法天赋,可以进蓝袍魔法师协会深造。

王国法律规定,农民交给王国的地租占其出产的十分之一,农民出产的二成自用,其余七成可以进行交易。

另外,王国法律还规定耕地不允许交易。如果农民没有后代,死后王国收回耕地重新分配。

王国对农业的重视

王国对农民有约束，也有扶持。

在法律上，国王承诺保护农民的人身安全。伤害农民属于重罪，而农民犯罪必须由国家来审判，领主无权私自定罪、处刑。

这些规定并不是亚特王国建国时就有的。当时王国的主体力量是士兵，农民只是跟在士兵后面逃难的累赘。随着王国渐渐安定，王国开始重视农民。但农村经常出现农民外逃现象，粮食产量非常不稳定，主要原因是农民地位低，贵族领主、骑士、士兵甚至城市平民都可以责罚农民。如果贵族或骑士打伤甚至打死农民，只需赔偿一张牛皮，这被称为"牛皮法"；而农民触犯了贵族、骑士，贵族、骑士只要说一句"以国王的名义"就可以对农民施行刖刑、剌刑甚至斩刑。这导致农民对自己的身份缺乏认同感，会逃进城市寻找改变身份的机会，或者逃到对农民稍微温和些的公国。

距今900年前，时任国王西特利发布法令，废除"牛皮法"，规定任何人不得对农民用私刑，农民犯罪只能由国家审判。又过了100年，西特利的曾孙班比发布法令：农民的人身安全受国王的保护。颁布了这条象征性更强的法令之后，班比王在晚年又发布法令：伤害农民是重罪。

这条法令的颁布异常困难。王族、贵族中反对者甚众。连城市平民也很不满：国王也保护我们的安全，为何不规定伤害平民是重罪？

班比王带领所有反对他的王族和贵族到风车镇种地，他亲自下田耕种，王亲贵族们也只好陪着他。一个月后，他表示如果大家还反对，就一直待到明年春播。于是无人反对，法令顺利颁布。

同时，班比王还规定破坏耕种的行为也是重罪。这样一来，即使是公爵大人也不能随便把领地上的耕牛拉走吃掉。

农民的地位得到提高，农村劳动力稳定下来，不断有新的田地被开垦，村子的规模越来越大，新建的村子越来越多，粮食和其他农产品的产量大幅增加，实现自给自足之外有了大量结余，开启了王国对整个大陆的粮食贸易，卡诺萨渐渐成为亚特大陆的贸易枢纽。市面上物资丰富，物价低廉，市民的生活也轻松；国库充盈，国家也无需对农民收取过多的地租，农民衣食无忧之外还有余力修房置产，开垦更多的荒地，饲养更多的牲畜……所有这些都应该感谢西特利和班比两位先王。

之后的国王们不断推出新的法令。

雇工法令：农忙时农民可以雇佣城市居民、外种族人员协助耕种。农民需要把雇工的姓名、种族和身份报告给村长，村长登记造册后上报给农事官①。王国会依据上报名单给予雇工补贴。

减灾法令：发生水、旱、虫、魔物侵害等灾害，农事官要立刻上报给行省督农官。灾害分为四级：

轻灾：损失三成收成，耕牛等损失少或无，无人员损失；

中灾：损失五成收成，有耕牛等损失，无人员损失；

重灾：损失八成以上收成，有耕牛等损失，有人员损失；

超重灾：损失所有收成，有大量人员损失。

发生灾害后，王国会根据情况采取措施降低损失。

发生轻灾和中灾时，王国会派遣法师、大法师施法，干预天气，驱赶害虫，派军队驱杀魔物。

发生重灾、超重灾，王国会派大法师酌情干预。灾后会聘请掌握自然之力的种族促进补种的作物快速生长，弥补损失。

不过速生的作物口感不算好，在正常年景没人买。但在灾年能有饭吃已经很幸运了。

付酬征召令：王国进行大型水利、防御、城市建设工程时如需征召农民，可减免地租并按行省文书薪资付酬。

非农业产品出售令：农民可以在集市出售非农业产品，税金为收入的二成。

在秋收后农民的空闲时间比较多，他们喜欢用树枝、藤条等制作篓、筐、盒等器具。王国允许他们出售这些产品，但为避免他们在这上面花费多过精力，收的税要高一些。

以上为《四海王典·王国农村的代表》之章（待续），赫丽一世补撰于风车镇餐馆。

---

①农事官隶属于行省，直接上司是省督农官。农事官平时巡驻在农村，巡驻区中有3—5个村子。他的工作是记录巡区内庄稼的长势、水利设施的利用和维护、雇工的使用等情况并定期汇报给督农官。

东香村大案

☀

旧历春月卅七日 风和日丽

风车镇有三五条街，街上有商铺，有客栈，规模最大的房子就是镇长的公务所。库麦尔建议既然想了解乡村，最好直接住到东香村去。

前往东香村的路上下了场大雨，诗寇蒂仍然兴致勃勃地采野花编了个大花环，全身都淋湿了。东香村有几家客栈，最好的一家是村长兰迪·纳瓦谢里开的。客栈是一座三层小楼，房间不大，但很干净。村长太太见诗寇蒂淋湿了，催她换下湿衣服，还烧了热汤让她喝了防感冒。诗寇蒂的衣服在和拉德格斗的时候被划破，村长太太一边唠叨一边帮她缝好。这种淳朴的关爱让诗寇蒂感受到了久违的母爱，不由红了眼圈。

我来到三楼阳台，俯视村长家的院子和农舍。农舍的大门紧锁着，墙上插满了密密的铁刺，和美丽的乡村风光颇不搭配。村长叹气说，近来出了个偷牛帮，专偷身强力壮的耕牛。他们已在东香村作案多次，村长家也未能幸免。诗寇蒂跑出来说，要是偷牛贼再来，她就要抓他们归案。

村长说哪用得着小姐动手。他拿出三支箭，箭头泛着一点蓝光。这是他家祖传的附魔箭，射出后会自动射中目标。箭原本有五支，在他小时候他的父亲为了救他用掉了两支。村长愤愤地说偷牛贼上次来的时候他喝醉了，否则就算这三支箭都用掉也要除掉他们。

晚饭我们吃的是土豆葱头炖腌肉。村长太太把汤收得又香又浓，诗寇蒂赞不绝口。而村长不顾劝阻喝了很多酒，村长太太一边抱怨一边扶他回房间休息，然后又打发他们的三个孩子上床。看着他们这简单的幸福，我们都沉默了。

饭后我们也回房休息。我和诗寇蒂睡一个房间。

这夜我本来睡得很踏实，但被一阵急促的当当声惊醒。库麦尔敲了敲我们的房门，低声说：

"有警讯，你们不要出来。"

是魔族？或者是鹿角兽？还是……

一个女人尖叫着：

"该死的！偷牛贼！"

那是村长太太的声音。我们来到阳台，只见村长家农舍的大门整个被拆了下来，村长太太正激动地和赶来的村民哭诉着什么。诗寇蒂攥紧了拳头，胸膛剧烈地起伏着。夜色浓黑，偷牛贼早已不知去向。

忽然，村口方向传了一声长长的牛吼。诗寇蒂竟然从阳台上一跃而下，掠过村长太太和村民向村口追去。

我一边往楼下跑一边喊库麦尔去牵马。我们骑着他的马维拉冲进黑夜。

我完全看不到诗寇蒂在哪里，更看不到偷牛贼。库麦尔凭着夜战的经验依稀分辨着诗寇蒂的踪迹，一会儿失去方向，一会儿又果断地催马疾驰。

不觉已到了旷野，我越来越担忧诗寇蒂的安危。库麦尔忽然勒住马，马抬起前蹄高高站起，我死死抱住马脖子。

诗寇蒂在一棵树后面探出身，示意我们不要出声。我暗暗长舒一口气。

我们前面一箭之地是一片树林，林中隐约传来阵阵绝望的悲鸣。我们弯着腰，借荒草的掩蔽靠近。

在林中走了很远，悲鸣之声却渐不可闻。我正疑心是不是走错了方向，库麦尔指了指前面，轻声说：

"那里。"

那里有一座高大的木板房，建得有些潦草，有些木板已经歪了，露出很宽的缝隙。虽然它没有窗户，大门也紧闭着，但从缝隙中仍然可以看到里面的情形。

房里竟然有一只魔物！

那魔物是一只身形硕大，长着三个头的巨狼。它蹲在一个高高的木架上，正在吃村长家的牛，牛的骨骼被魔物咬碎，发出可怖的咯嘣声。

房子里有五个青年男子，他们围着火堆，一边喝酒，一边敬畏地看着巨狼。

我伏下身子，示意库麦尔后退。房内空间有限，不适合放出幻兽。这个魔物绝非善类，库麦尔虽然勇武，但这样的魔物不是他独自对付得了的。就算集合全村青壮年也未必能消灭它。最好去省城石桥市请王家骑士团出手。

我担心库麦尔会碍于骑士的荣誉感冲进去硬拼，他却重重地点了点头。我刚松了口气，巨狼似乎听到了什么，三头中的一个头突然停止了咀嚼，向我们看过来。

我猛然醒悟——诗寇蒂在哪儿？

身后传来一声低吼，我猛回头，诗寇蒂已经拔起身边一棵手臂粗的树，扯掉树冠，撞破房门冲了进去。

库麦尔来不及阻拦，只有也拔出剑，冲进房子大喊：

"我以女王的名义命令你们投降！"

偷牛贼们还在惊讶困惑，魔物已经从架子上一跃而下，扑向诗寇蒂。诗寇蒂抡起树干击中魔物中间的头，魔物的三个头同时发出一声短促的嚎叫。偷牛贼们纷纷抡着木棍、铁棒围过来，库麦尔潇洒地挥剑逐一把他们打倒——若非他手下留情，这几个偷牛贼只怕已身首异处。

诗寇蒂那里却情形不妙。三头巨狼中间的一颗狼头只一口，就将她再度抡起的树干咬成两段。诗寇蒂双手

129

各持一段树干，呼呼挥动，抵挡着三颗狼头的撕扯扑咬。

库麦尔从魔物身后赶到，挥剑劈砍，这一剑足以劈开一块条石，却只在魔物的身侧划出一条浅浅的伤口。魔物吃痛，转身欲击库麦尔。诗寇蒂趁机以手里的两段树干猛砸魔物的腰背。这一击的力量极大，两段树干瞬间碎裂成无数木片。巨狼呜咽一声，左侧狼头就势咬向诗寇蒂。诗寇蒂大吼一声扑过去，扼住左边狼头的脖子。巨狼中间的狼头试图救援，被库麦尔砍中了鼻子，库麦尔却差点被右边的狼头咬到腿。

诗寇蒂死死压住魔物的脖子按向地面；库麦尔则牵制另外两个狼头，不但没让巨狼咬到诗寇蒂，还在魔物头颈划出很多伤口。被激怒的魔物僵持一阵，猛然使力，高高跃起，一下甩开诗寇蒂，撞掉库麦尔的剑。库麦尔见势不妙，喊诗寇蒂快退，但诗寇蒂全不理会，捡起偷牛贼的铁棍继续战斗。

情急下，库麦尔大喊：

"赫丽受伤了！"

诗寇蒂躲开魔物的扑击，跑出房子，看到我没事，才跳上马背责怪库麦尔吓唬她。

我们三个骑着库麦尔的马向村子方向逃去。这匹马知道到了生死关头，虽然驮着三个人，跑起来却比风还快。魔物紧紧跟在后面，三个狼头发出粗重的喘息声。

接近村子，我听到急促的警钟声，看到许多火把。村口燃起一大堆火，村民们拉满了弓，箭头指向我们身后。库麦尔扯动缰绳向火堆冲去。那魔物放缓了脚步，不敢接近火堆。村民们围了上来，箭如雨发。

"火！它怕火！"

库麦尔从火堆旁掠过，大喊起来。他轻带缰绳想让马慢慢停下来，却撞上一根横生的树枝，从马上掉了下来，跌进一丛灌木中。等我勒住马，库麦尔已经不知哪儿去了。

村民们的箭浅浅地刺进魔物的毛皮，如果不是魔物怕火，只怕已有人伤亡。村长太太也执弓向魔物放箭。魔物向她扑击，虽然没扑中她，却伤了她的肩膀。诗寇蒂看到村长太太被鲜血染红的衣袖，从马上高高跃起，一下子骑在魔物背上。魔物的三个头使劲往回扭也咬不到她。在村民们的惊呼中，诗寇蒂紧紧抓住魔物颈背长毛，大喝：

"给我一把刀！"

没有刀，有人扔来一把锤子。诗寇蒂接过锤子，使劲砸向中间的狼头。魔物负痛乱蹦乱跳，眼看就要把她颠下来了。一支箭穿过混乱的吵嚷、魔物的嚎叫，准确地射中巨狼的一只眼睛。我想是村长终于射出了祖传的附魔箭，然而一瞥之下发现射手是个年轻姑娘。诗寇蒂抓住受伤的狼头拼命扭着，一声暴吼之下，生生把这颗狼头的脖子扭断，断裂的狼头耷拉下来。魔物人立起来，剩下的两颗狼头发出长嚎。诗寇蒂从魔物身上滚下来，抓住魔物的两条后腿大喝一声，不顾魔物的挣扎扭动，把魔物整个抡了起来。她一次次把巨狼砸在地上再抡起来，最后把它扔进火堆。魔物哀号着，再也没站起来。

　　那几个偷牛贼被库麦尔重创，还没来得及逃远就被村民们抓了回来。村长气红了脸：

　　"盗杀耕牛是重罪，按王国的法律，要斩首！"

　　偷牛贼们招供说，自己本是游手好闲的镇民，有人给了他们一只魔物幼崽和一笔钱，要他们把魔物养大。这魔物幼时不过吃鸡鹅，长大些吃羊，现在每隔几天就得一头牛才能喂饱，所以他们才不得不冒险进村偷牛。

　　雇佣他们的人从未露过面，用的是附过魔的树枝编的小人儿传送消息和银典。村长说，那不能让人知道魔物已经死了，要不这个可恶的雇主可能会躲起来。我笑了笑说，正相反，我们要所有的人知道这件事。

131

旧历春月卅八日 阴

今日一早，村民们剥了魔物的皮，到风车镇和另外两个村子宣告他们杀死了一只强大的魔物。有人问起那魔物尸体在哪里，他们毫不在意地说埋在村外。

村长没把握这样大张旗鼓是否真的能把偷牛贼的雇主找出来，我却一直在担心库麦尔。从昨夜从马上摔下来他就不知所踪，诗寇蒂找了一天也没找到。诗寇蒂安慰我说库麦尔不会有危险的，他可是天下闻名的白银骑士，说不定遇到什么麻烦要去处理来不及通知我们。我也只得按捺心情，祈祷他平安无事。

就这么一直到了晚上，树枝小人给偷牛贼们传来雇主的讯息，要他们天一黑就把魔物的心脏取出来，回藏身处等着。村长带了几个村民去那里埋伏，诗寇蒂也要去，我让她在村长家陪着我。

这一夜诗寇蒂辗转反侧，把我吵醒了好几次。

田野中的暮光

旧历春月卅九日 有疾风

天还没亮，一群人大呼小叫地回到村长家。村长太太点起蜡烛，我们索性起床，看看到底抓住了什么人。

村长紧紧拉住一个50多岁，头发胡子花白的男人。村长太太一声惊呼：

"天哪，那是镇长啊！"

面对众人的诘问，镇长一言不发。

诗寇蒂怒气积聚，抓住镇长的胡子一扯，镇长痛得大声号叫。村长告诉镇长，就是这个姑娘生生扭断了魔物的脖子。诗寇蒂扔掉带血的胡子，狠狠地瞪着他。镇长闭上眼睛说：

"我让他们养这魔物，是为了吃它的心脏。"

"为什么吃它的心脏？"

"吃它的心脏，可以长生。"

"是谁说的这种鬼话？"

"是驻省魔法师的学徒，齐纳提福。"

"他？"村长说，"因塞克派他到本村做农事服务，他就住在老杰克的牧场。"

非法豢养魔物的案件竟然牵扯出了魔法学徒，这是谁都没有想到的。当下村里的众人们经过合计，认定这位教唆镇长的齐纳提福实为本案的罪魁祸首，即便他拥有省里法师塔的庇护，也应秉公将他捉拿归案，扭送治安队，我也这么认为。于是村长点名让在现场的几位青壮年前往老杰克牧场抓人，诗寇蒂当然闹着要一同前往。

说真的，我不知道那位魔法学徒的道行有多高深，面对他的魔法抵抗，诗寇蒂是否会落入陷阱，我非常担忧，但我深知当下想要阻止诗寇蒂前去抓罪犯是不可能的。我叹了口气，唯有选择随同诗寇蒂他们一起出发，心里想着，此刻要是库麦尔也在会好些。

神奇的是，就在我垂头丧气这么想着的时候，就像我的心愿真能通灵，已经失踪一天一夜的库麦尔真的就这么出现在我等众人的眼前。

只是他出现的样子不像以往惯常的那样威武傲气。

我们看见库麦尔被人搀扶着，一步一瘸地向村长的庄园走来，我还从未见过他修长高挑的身影如此时这般颓唐。当他们走得足够近时我才看出，搀扶着他前行的那个瘦小个子，竟然

133

是她——

斯蒂芬妮，自称是我远房表姐，来自隐雾沼泽边境的大公小姐，能够操纵鲜花使出惊人魔法的神秘女子。我上次见到这个人还是在卡诺萨城里，她不辞而别，消失在迎春日的夜游人群中。她为什么会出现在这里，又怎么会和库麦尔在一起？说真的，像她这样一个高等的贵族小姐，和一向鄙视厌恶贵族阶层的白银骑士扯上关系，说出去整个卡诺萨内城圈里没有一个人会信。

然而此时这两个人又何止是"扯上关系"，比斯蒂芬妮高一个头的库麦尔，却整个身体挂在斯蒂芬妮的肩上，任由她紧搂着他猿猱一般挺健的腰背，就好似她已是支撑着他的自然一部分。我猜，库麦尔直至今日这二十年的人生里，大概从未与任何女子有过这样亲密的接触。

好吧，这一日一夜里发生了什么，我没看到。但当库麦尔和斯蒂芬妮步履艰难地走近到我面前，我能确定的是，我的白银骑士的确好像有什么不一样了。他那浅冰蓝色的眼睛里，多了一种从前没有的闪烁，就好像原本一块坚硬的秘银，变成了结冰水潭上一片银色月光的倒影。

"嘿！我们又见面了！"库麦尔站在我面前闭着嘴唇踌躇未言，抢先开口的反而是斯蒂芬妮，毫不意外。她对着我和诗寇蒂露出灿烂的笑容，有点像金色的阳光；她虽然显而易见的生性活泼，但这似乎也是我第一次看见她真正的笑容。看来，比起我们在卡城内屡屡相遇的时候，她的心情变好了。

"你好，斯蒂芬妮……小姐。"我报以微笑和礼貌的对答。斯蒂芬妮却一手搀扶着库麦尔的腰，一手豪迈地在空中一挥，笑得更灿烂几分："哎，不要客气！不必叫我什么小姐，我们是朋友啊！"

原来我们已经是朋友了，这还真是个新信息，上次大闹卡城街道时好像还没听说是。我不禁保持着微笑，斜眼扫了库麦尔一眼，很想知道我的骑士是用什么方法替我们结交了这位神秘的朋友。

库麦尔对着我垂下他金色的长睫，低声说了一句："请原谅我迟迟未归。"

我还没有答话，斯蒂芬妮又抢先

热情地补充道："亲爱的姑娘们，请你们一定要原谅，库麦尔他伤得太重了！本来他的左腿还要恢复一天才能走路，但他刚能站起来，就坚持要马上回到这儿来找你们。"

面对这翔实的解释我唯有笑而不语。所以库麦尔，已经连他的真实名字都告诉斯蒂芬妮了。我虽然麾下迄今只有一个骑士，但身为王裔继承人，我对人类骑士的习性了如指掌。他们面对世人通常只有两种态度，冷酷或诚实，现在，库麦尔已经对斯蒂芬妮献出了诚实。坦白说，我本人得到他的诚实也还不超过一个月。

看来我们不得不与这位可疑的远房表姐做朋友了。

好心的村长惊闻库麦尔重伤，立马提出请他进到家中休息，由村长太太煮一些利保养的汤羹奉上。库麦尔却问起我们一大群人手握农具和简陋的乡村武器集结在庄院中所为何来。诗寇蒂跳出来绘声绘色地将库麦尔在夜战中失踪后发生的事情讲了一遍，她如何赤手空拳扼杀三头魔狼，众人如何诱捕镇长，镇长又如何供出了魔法学徒齐纳提福。

库麦尔闻得事态，毫不意外地提出要同往老杰克牧场，参与抓捕齐纳提福。很明显，在他看来，无论是东香村淳朴的武装农夫还是随时可能会狂暴化的诗寇蒂，想要对付一个密谋已久并且毫不守法的魔法修炼者，都是极不妥帖的事情。我其实同意他的看法，但问题是，我看他这个现在连站着都需要女人搀扶的额唐骑士前去出征，也并没妥帖到哪里去。

但我觉得我不必多言，只需等待斯蒂芬妮替我提出反对意见。果然她双手抓住了库麦尔的臂弯阻止他说："你疯了吗！现在的你哪儿都不能去！"

库麦尔固执地摇头拒绝了她的好意，反而推开她的搀扶，扶正了自己腰间的佩剑。斯蒂芬妮的声音提高了一个音调："怎么，凡是有人出去打架的时候你就不能好好坐在家里等着？又要说因为你是个骑士？"

这一回库麦尔却点了点头："被你言中了，斯蒂芬妮小姐，这正是骑士精神的一部分。一个骑士是不可能坐视老弱妇孺前去战斗的。"

"谁是老弱妇孺……"诗寇蒂跳起来插了一句嘴，被我拉着她按住。

"我说了别叫我小姐！"斯蒂芬妮挥着双臂一跺脚，噘起了嘴，她看起来飞扬跋扈，但我看出了她的无奈。

我们几个城里人的小争吵令在场的乡亲们有些懵，就连村长都半张着嘴不知该说什么。在这尴尬的时刻，两声马嘶打破了农庄院里的寂静，一匹黑白相间的良驹不知如何自己挣脱了拴马桩，径自从后院的马厩里小跑了出来。

"维拉！"斯蒂芬妮第一时间认出了马儿，开心地叫了一声，方才脸上的不快一扫而光。跑来的正是库麦尔的爱马维拉，它在夜战中与它的主人惊恐分离，这一天一夜间都焦躁不安；大概刚才听到了库麦尔的声音，它竟自己冲出马厩而来，欢快地对着库麦尔跺蹄鸣叫。

鉴于斯蒂芬妮曾经盗走过维拉一次，她的确和这匹马儿是老熟人了。她开心地跑上前去拍了拍马儿的脖子，我看见她暗红色的眼瞳转了两转，仿佛计上心来。

"如果你非要去的话，骑上维拉也许可以，"她牵着马，转过身对着库麦尔说道，"这匹马是我见过最平稳的，不会加重你的腿伤。前提是，我要和你一起去。"

就好像已经跟上了看戏的节奏一样，我们所有人不约而同地将眼睛转向库麦尔，等着他的回答。库麦尔浅蓝的眼睛远远望着斯蒂芬妮，安静片刻，默然点头算是答应。但随后他补充了一句："但老弱妇孺们都不要去。"

我花了全身力气，再一次双手按住了诗寇蒂。

这次抓捕行动的出征队伍最后由库麦尔、诗寇蒂、斯蒂芬妮和我四人组成，斯蒂芬妮和库麦尔骑乘维拉，我和诗寇蒂则骑着库麦尔的另一匹爱马，不那么平稳但格外矫健的安德鲁，我们并辔出发。

库麦尔指出，一个合格的骑士除了勇气，还拥有战斗智慧，所以他尽管身负重伤不良于行，也无碍于执行一次成功的行动。我们在他的指导下制定了抓捕罪犯的智谋计划。然而当我们到达老杰克牧场时发现那里早已空无一人，齐纳提福已逃走了。库麦尔的智慧惨失用武之地。

齐纳提福这个邪恶的魔法学徒，比我预想的更狡猾，我不禁对他提高三分警惕。但此时的我无暇细想这些，因为眼下我们这场跟村人们拍了胸脯然后却无功而返的小小出征实在是太尴尬了。我、诗寇蒂和库麦尔都有些泄气，唯独斯蒂芬妮很开心，因为库麦尔现在终于可以听她的安排安心养伤了。

其实我们跑了这一趟也并非全无所获，至少在路上的策马闲聊中，我听到了过去一日夜里库麦尔和斯蒂芬妮发生的小故事。

原来在迎春日和我们相别后，斯蒂芬妮就离开了卡城。她沿着大路路过风车镇，原打算穿过东方的密林去拜访大地奇观——"自然女神之怒"大火山，却在露宿乡间时撞见我们与三头魔狼的险恶夜战。别问我她为何会露宿，我对这一点也觉得奇怪至极。

不为我们所知的是，原来库麦尔在跌落下马之时已经身负重伤，幸亏当时藏身在灌木丛后的斯蒂芬妮救了他。据库麦尔说，他的左腿在近战当中被魔狼的利爪划伤，魔物爪牙上的毒令他半个身体的血管顿时都变成了紫色。如果不是斯蒂芬妮使用一种他在这块大陆上从未见过的特殊药膏治疗了他，他早就会在落马后半小时内毒发身亡了。

听闻这样凶险的前情，我和诗寇蒂都惊呆了。库麦尔坐在马上低着头，与骑坐在他身前的斯蒂芬妮对视。维拉沉默地走了几步后，我听到库麦尔低低地说："斯蒂芬妮是我的救命恩人。"

斯蒂芬妮爽朗地笑着摇着手，让库麦尔不要总是把这种话挂在嘴上。此刻，夕阳已下，我们的归途对着西方的天空，那天地相接处已被霞光染红。

斯蒂芬妮举目远眺，怔怔望了那残霞良久。她忽然笑扬起脸说道："你承诺会为我做三件事，对不对，骑士？"

听到此话我不禁一怔。亚特王国的骑士为了报答救命之恩，须为恩人做任意的三件事，这是骑士精神的老规矩，想必库麦尔当然会忠诚依循。我转过头去看着同乘一马的那两人，只见库麦尔也举目远望着血红的夕阳，他轻轻言道："是的，我发过誓。"

"那么第一件事，我想让你带我游览风车镇的乡村。"斯蒂芬妮笑着说道。

库麦尔似乎对此有些诧异："就……就这样吗？"

"风车镇不是你的故乡吗？你应该会是个好导游吧，"斯蒂芬妮笑道，"看到你的样子，我猜这个镇子里的人们也许，也会很可爱。"

库麦尔似乎噢了一下，他低下头，

我分辨不清此刻他脸上的红晕是来自夕阳的光照，还是别的什么。片刻后他说："镇上的乡亲们是很可爱的，我是这里最不可爱的一个人。"

斯蒂芬妮被逗得连笑了几声，笑声清脆而爽朗。"带我到处看一看吧，"她说，"我想试试看，能不能爱上这个亚特王国。"

斯蒂芬妮的这句话令我心头一颤。因为我觉得这句话太奇怪了。

以上就是今日的见闻，说真的，这两天来我已经快累倒了。此刻我们已经回到村长家里寄宿，总算记完了这些，我现在要马上去睡个饱觉。因为明天天亮后我要加入斯蒂芬妮和库麦尔一起同游乡村，我打算认真听他们在路上说的每一句话。

因为那个疑点让我放不下——我想知道，斯蒂芬妮究竟是谁，她又为什么想要"爱上这个亚特王国"。

归田乐游忘烦尘

☀

旧历春月末日 淡淡晴空的早晨

　　今天我们一早就起身，在村长家用完早餐后开始了整整一天的风车镇游览计划。库麦尔的腿伤果如斯蒂芬妮所言，经过换药又休息了一夜后，已经恢复得几乎可以正常行走，仅能看出一点点的步伐不齐。我想他今天仍然不适合打架，但逛街已经是全无问题。这令我更加好奇斯蒂芬妮手中的神奇药膏到底来自何方。

　　斯蒂芬妮说乡村游的目的是为了发现亚特王国人民的可爱之处。显然库麦尔对他的家乡无比自信，他告诉我们，真正游走过风车镇，就会爱上这里。看着他脸上的笑容，我觉得他已不再是那个比剑锋冰冷人更冰冷的白银骑士，但我想，诚然他也永远再变不回一个快乐的乡村少年。

　　在库麦尔的带领下，我们的游览竟然是从一块正经八百的农田开始的。白银骑士告诉我们，在城里贵族看来枯燥乏味的耕田，其实也有着超乎想象多彩有趣的一面。我边走边记，用餐后整理如下：

四大节日

在泰林王之前，农民没有王国指定的节日。泰林王即位前曾在王宫旁的花木苑辟了一小块麦田，从播种到收获忙了大半年。即位后他以王国法令的形式制定了春播、夏忙、秋收和冬储四大农民节日。

春播节

冬末春初，喧嚣、微醺的冬闲结束，农民们开始整理田地，准备播种。

春播节这天，天不亮大家就要起床提着灯笼、打着火把来到村头打谷场，在村长的主持下"打怨兽"。怨兽是麦草扎的四足怪兽，有三个人高，硕大的头，南瓜做的眼，红布做的大嘴，棍子做的尖牙，白粉涂的耳朵、鼻子。村长一声令下，村民们手持扫把、树枝围住怨兽使劲抽打，边打边念叨着去年一年里和亲人邻里之间的旧怨。大家把这些旧怨都归罪于怨兽，都是它脏心烂肺，挑唆大家不和，才闹出那么多是非。在一片吵骂声中，怨兽被打倒，然后更是被付之一炬。

除却旧怨，开启了新一年的农事。大家赶在日出前来到田里，日出时把一大碗葡萄酒洒在地上，向土地祈祷，希望它能带来下一年的好收成。祈祷之后把麦种播洒在田里，再盖上一层土。

中午人们回家吃饭，这一天要吃春播饼。

春播饼的做法是：把土豆煮熟压成土豆泥，用盐、茴香、黄油和面粉调匀压成饼皮，然后把猪肉或猪肝煮熟、切成小块，加上盐、猪油和其他调料，接着把煮熟的猪肉放进土豆泥饼皮，做成厚实的小圆饼，最后用煎锅两面煎成金黄色。

吃过春播饼，春播节就算过完了，一年的忙碌就此开始了。

夏忙节

夏季人们忙着除虫除草、浇水施肥，有时还要排积水。

夏忙节时正是在一年里天气最热的时候。节日当天下午，人们聚到村口，准备夏忙大宴。平时大家的精力都在田里，饮食简单，经常要用瓜果充饥。夏忙节的时候大家好好吃一顿，好有力气继续干活儿。

夏忙大宴由村长张罗，各家各户都要出力。外来的雇工是大宴的座上宾，主家要殷勤招待。大宴前大家在村口用砖支上十几个大灶，架上大锅炖肉熬汤，各家搬来桌椅、杯盘，从村口一直排到大路上。厨师有本村人，也有从城里请来的，至少要有十几位才能供全村人一饱。

如果有条件，村里会请来魔法学徒施法造点冰块把酒桶冰上，宴会开始的时候放几个火球烘托气氛，如果请不来魔法学徒，就请吟游诗人扯开嗓子高歌。

大宴开始，首先端上桌的往往是一盆肥鸡汤或者肥鹅汤，也有的村会提前采购阿特拉斯断裂山出产的禽类，诸如山雉、林鸽、长嘴鸭。这道汤经常是酸辣味的，有助于打开胃口。

之后上桌的是大块烤猪肉。猪肉用盐和香料腌过，用铁叉穿着放进烤炉，拿出来的时候猪皮表面还在滋滋冒着油泡，配上摞在大盘里的麦饼，这是宴会的主菜，好多人一入夏就盼着它。

如果烤猪肉不够，还有土豆或胡萝卜炖鱼。鱼是向阿格里斯湖畔的渔民买的，量大管饱。餐后端上来的是加蜂蜜的啤酒，大家一边喝酒，一边唱歌。入夜后会点起火堆，又唱又跳，直到醉倒。

秋收节

秋收是最忙碌也是最快活的时节。麦子收割、晾晒后归仓，农事官逐户核查收成，确定缴纳给王国的数额后造册上报给行省督农官，行省督农官再上报给农业大臣。之后每家每户自行把该上缴的麦子送到镇上领取缴租凭据，镇上派车队送到卡诺萨的王国仓库。王国仓库按农业大臣下发的数量核对后发缴租凭据给村长保存。

履行了对王国的责任后，就是农村最隆重的秋收节。

秋收节当天天不亮村民们聚集在村口打谷场，举行感激土地这一年的慷慨恩赐的仪式。仪式中要演唱长歌，长歌据说起源于第二创世纪，最初只有几段，后经历代添

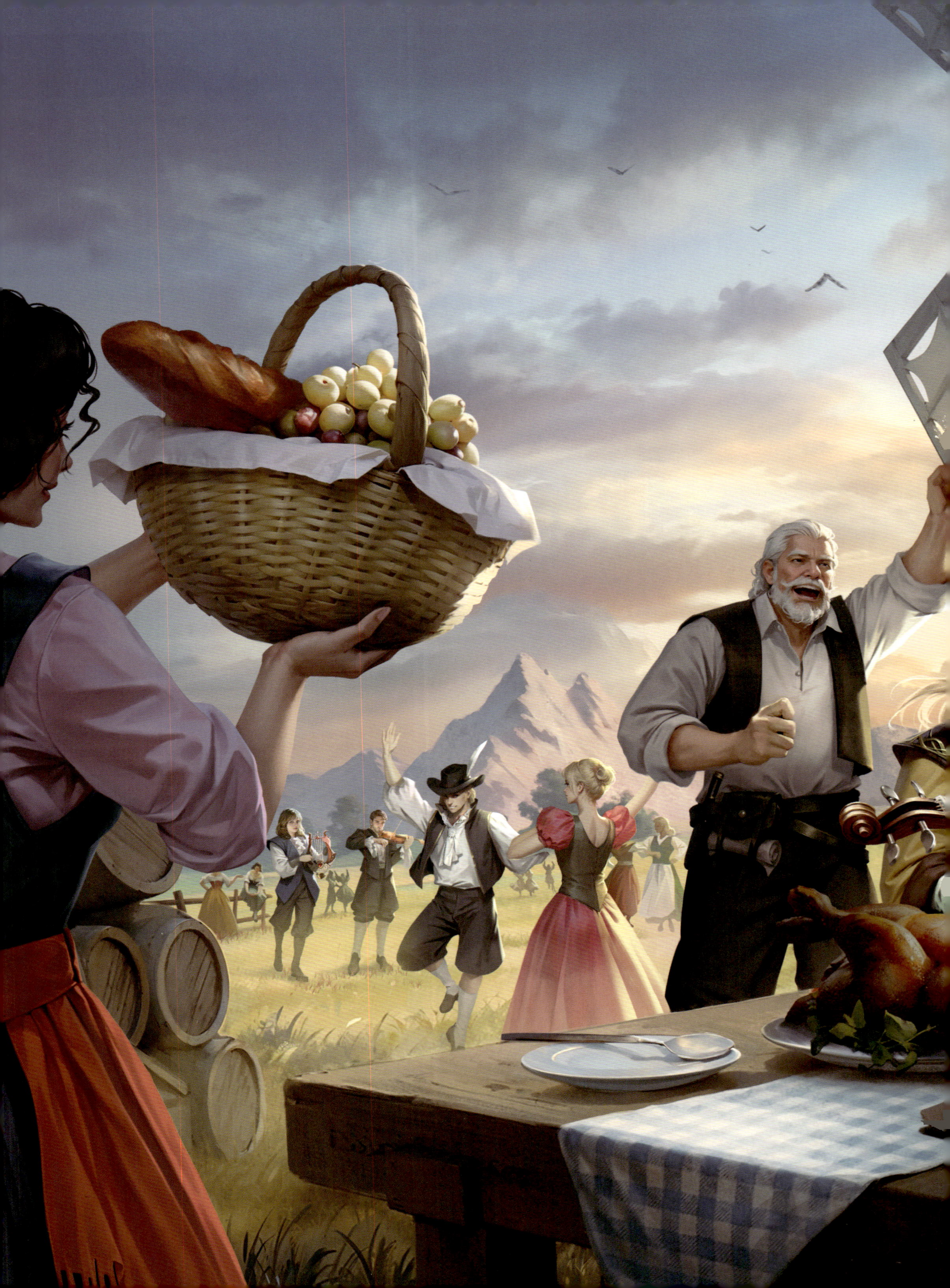

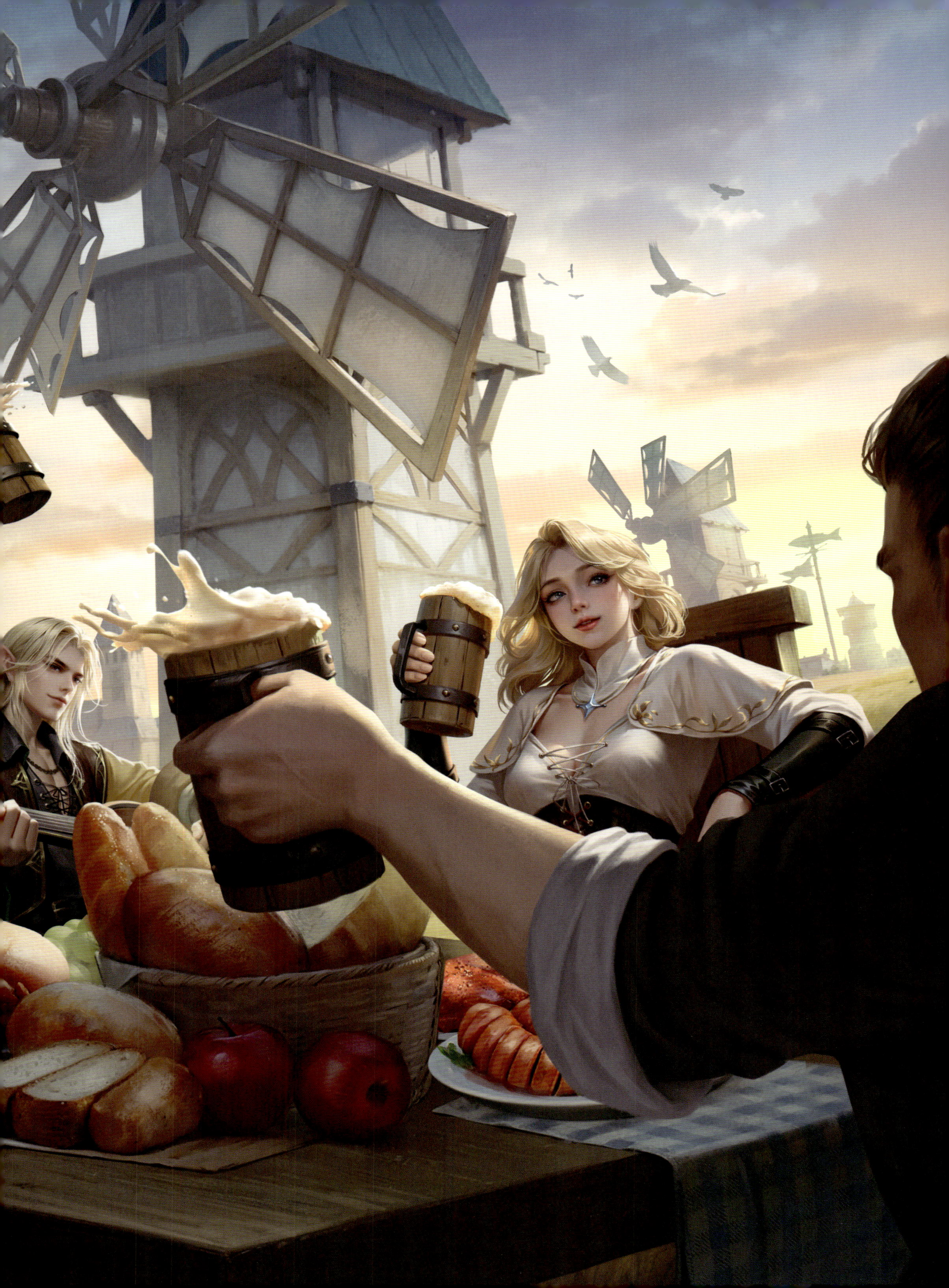

加，已有百段之长。演唱的时候村长起头，每人唱一段。能在仪式上唱长歌的，至少要有一两点过人之处，比如农场主安达雇的人特别多，花农叶琳妮娅培育出了蓝宝石郁金香，拔京汉的老婆生了四胞胎，如此等等。早在秋收节前十天，村长就张罗着组织长歌队，入选的欢天喜地，落选的一万个不服，放话说明年村长一定得来正式邀请。

和春播节时的严肃不同，秋收节演唱长歌时气氛轻松，可以边跳边唱，边喝酒边唱。幸好这长歌只有一百段，要是再长些，恐怕仪式后就没几个人能站着参加后面的狂欢了。

谢完土地，天已大亮。家家户户都在门口摆上桌子，桌上摆满牛奶、奶酪和各种面包，大家走遍全村，互相品评各家的手艺。

将近中午，撤掉早餐，摆上蔬菜（通常是土豆、胡萝卜、菜豆）炖猪肉、猪杂碎包子、烤鱼、炖鱼、煎鹅蛋，以及麦饼、麦粥，当然也少不了酒，有葡萄酒，也有啤酒。全村人都走动起来，边走边吃，边吃边唱，又唱又跳。吃饱喝足不拘在地上、树下、打谷场小睡，睡醒了继续吃喝、跳唱。

秋收节跳的舞蹈动作简单，节奏鲜明，可以一人跳，双人跳，多人跳，甚至全村人一起跳。丰收的农民们和着村乐队的伴奏拍掌、转身、踢腿，再拍掌、转身、踢腿。如果手里端着酒杯，就是跺脚代替拍掌；唱的歌也都与农事相关。跳累了，吃饱了，大家坐下来端着酒杯唱农村最流行的几首歌，如《割麦歌》《饮酒歌》《猪儿啊，再见》等。

傍晚时秋收节终于要到高潮了。人们聚在打谷场四周，欣赏由本村人演出的史诗大戏《拉格勒斯战魔王》，这出戏演的当然是第二创世纪时在风车镇地区英勇捐躯的拉格勒斯。戏本是千年流传下来的，各地版本不尽相同，但风车镇当仁不让，自认正宗。

找能演拉格勒斯的人最难，光是壮汉不行，重要的是要有那股英雄气，何为英雄气又是见仁见智的事情。

好容易选定了，四肢要套上牛皮袋，牛皮袋里塞满麦草，表面涂成肉色，假装是超乎常人健硕的肌肉。还有那把重达千斤的锤子。锤子年年都用，但每年都要做新的，以示对拉格勒斯的崇敬，锤子也是用牛皮塞麦草做的，有磨盘大，表面涂黑。

然后再选魔族九将军、魔王。传说中和拉格勒斯对峙的是魔族元帅，戏里改成了魔王。戏里拉格勒斯战败了魔族九将军，魔王也感佩他的英勇，不由得称赞道"不料人族里竟也有你这样的豪杰"。拉格勒斯有一段台词：

"魔王！此话你说差了！亚特大陆人人勇武，无数英豪！尔魔族竟敢嫉我亚特土地广，贪我亚特物丰饶！魔王啊，哪怕你亿万兵马凶焰高，又怎能撼动我亚特大陆半分毫！我劝你罢兵回老巢！如若不然哪，我这千斤锤下你活命难逃！"

演到这里，村民们总是齐声喝彩。

后来的情节如同传说，魔王用诡计抓住了拉格勒斯。不过戏的结局是，拉格勒斯不愿被俘，准备用千斤锤自杀，四海之王阿格里斯的英灵突然出现，救拉格勒斯成神。成神之后去哪里，戏里没说，只说要继续护佑亚特。

散了戏，人也就散了，各自收拾残席。

然而对于有些人来说，秋收节还没完。秋收节也是青年男子到喜欢的姑娘家求亲的日子。这种提亲有两类：一类是两家早就商定，家长点过头，今天只是走个过场，象征性地带点礼物，过些天就要办婚礼了；一类是男女双方情愿，但家长并不知情，这时就要郑重得多，小伙子不牵上一头牛是不行的。女方家长虽然意外，但会回忆今天是否到过男方家，对男方家印象如何。如果觉得男方家的酒菜一般，这婚事多半不成，但若是吃喝得满意，便有三分希望。

无论结果如何，夜已深了，秋收节结束了。

这一夜多少人酣睡无梦，多少人彻夜难眠！

冬储节

冬储节并不是村民们聚集在一起庆祝的节日。

秋收之后农民忙着整地，焚烧麦草，添置过冬的衣物，储备过冬的食品。冬储节就是为庆祝农民有足够多的食物度过冬天而设立。

冬储节当天各家各户在门前搭上一排排木架，制作腌火腿、猪肉香肠、猪杂碎香肠、猪血肠、腌鱼、咸猪肉、熏猪肉、咸猪排、咸猪腿、腌鸡腌鸭、风干鸡、风干鹅等食品挂在架子上，蔚为壮观。

而在冬储节之后将迎来乡村的又一盛事——乡村婚礼。

在秋收节时定下的亲事，都会选择冬储节后几天内举行婚礼。那几天全村到处一派喜气，几户、十几户人家争先恐后地吹响婚礼开始的号角，摆出丰盛的宴席款待亲朋。

虽然有一点儿喧闹和混乱，但和城市的婚礼比起来，乡村婚礼更热闹、更令人感到亲切。同在一个村子，即使不沾亲带故，至少也有耳闻。一家结婚，整个村子的人都会来祝福，送一束花、几个鹅蛋、一块自家织的布，不拘礼物的价值，图的就是个喜气。男家和女家都把这些礼物摆出来，显示自己家人缘好。

婚礼最要紧的环节是预测这一对新人未来婚姻是否幸福的"三验"。

第一个考验是准夫妻共同举起一把大锤子，去砸一块大石头。据说这个考验是拉格勒斯留下来的，如果石头当场被砸开，预示着二人可以打碎一切困苦和磨难。

这考验颇有点难为准夫妻，虽然他们常年务农身体结实，但要一锤砸开石头也实在勉为其难。于是大家想了个变通的办法：石头还是要砸的，只是事先要火烧、水浸几回，待肉眼可见石头上有裂缝，再用泥巴把石头糊住。婚礼上砸这块石头，无不应手而开。

第二个考验是准新郎要摔倒一头牛，准新娘把它捆好，如果顺利，预示着二人可以抓住幸运和财富。这当然也要用变通的法子：在牵到婚礼现场前，给这头牛灌上大半桶葡萄酒，摇摇晃晃被牵到新郎面前的时候它都能把自己绊倒。

第三个考验是蒙住准新郎的眼睛，在他面前摆上苹果、梨、萝卜、土豆、石榴，再给他一把菜刀，他砍中什么水果就象征着他们夫妻未来的子嗣运。砍中石榴是最吉利的，石榴的籽多，预示着子孙兴旺。这也得想个变通的办法，通常的做法是吟游诗人用琴声提示，准新郎挥着菜刀虚劈几次，菜刀来到石榴上方时琴声一变，于是手起刀落，多子多福。

"三验"之后证婚人宣布二人结为夫妻，婚礼完成。

农民日

农民日是泰林王的孙女朗代女王下达法令设立的纪念日，感谢农民们的辛劳喂饱了整个王国的肚子。法令颁布中遇到的意想不到的困难，是亲贵重臣对法令中"感谢"这个词的不同意见。有些人坚持要换成"奖赏"，因为种地缴粮是农民的天职，做得好是应该的，"感谢"这个词太重了；有些人认为王国以农业立国，不妨大度一些，就用一个"感谢"又何妨？双方争吵不休，连帝国议会也在讨论这件事，还写进了呈送给朗代女王的报告。他们的意见倾向于不用"感谢"，也不用"奖赏"，而是用"褒奖"这个词。朗代女王重提班比王时的旧话，建议大家到风车镇务农一个月，再决定用哪个词，于是大家都同意用"感谢"了。

农民日定在冬储节后第十天，这一天农

民们可以享有几种特权。

第一项特权是见到贵族不必行礼让路。虽然西特利王废除了"牛皮法"，贵族不能因为农民没及时给他行礼或者让路就砍了农民的脑袋，但农民见了贵族礼还是要行的，路也还是要让的，否则挨上两鞭子也是正常的。而在农民日这一天，农民无论在哪里碰到贵族都不用行礼让路，只要点个头就可以了。于是有农民专门在这一天进城，跑到贵族们聚集的地区——拿卡诺萨来说就是城北——故意去和贵族相遇。可是他们几乎遇不到贵族，贵族们或者闭门不出，或者早早就出城去了。

第二项特权是农民在这一天可以穿国王衣冠，号称"一日之王""一日女王"。自己做的也好，在店铺买的也好，农民们可以穿上国王或女王的衣冠，不会被判僭越。有人曾说一个顶着假王冠，穿着桌布做的长袍的农家女在街头啃着刚从小贩手里买的烤鱼有失体统，朗代女王说：我有真的王冠，有刺绣的长袍，但我却没有在街头吃烤鱼的幸福。那么，我至少要让我的臣民拥有这样的幸福。

当然，这项特权也有一条限制：不能装扮成阿格里斯王和现任国王。王国历史上名王如云，什么"双剑王""铁枪王""神箭王""独腿王"，足够他们装扮了。

第三项特权最为实惠：农民在城市买东西一律半价。各商会对法令并不抵触，他们有能耐诱使农民买回一堆他们并不太需要的东西。非但如此，他们还通过市长向首相请求，这一天应缴纳的税款能否免掉，首相没有同意。

天黑之前，"一日之王"和"一日女王"们满载而归。少数农民留在城里看戏、去酒馆喝酒，然后住在城里人开的客栈享受一下。不过他们得在午夜前赶到客栈，要是过了午夜就不是农民日，要付全价了。

几百年来总有些贵族认为王国对农民过于礼遇了，时不时有人提出取消农民日，至少取消前两项特权。这些人饱食终日，无所事事，傲慢又愚蠢，难怪库麦尔瞧不起他们。西特利王、班比王、朗代女王都懂得王国的根基是什么，正是他们推行的法令保持了亚特王国的稳定。

真正对此感到不满的是平民中的富商，他们自认为对王国的贡献比农民大得多，但是非但无法挤进贵族的行列，连一个类似农民日一样的礼遇都没有。卡诺萨的城市集团会议就曾提出设立一个"商人日"，但没被批准。我父王说过，王国需要商人们互通有无，但不可倚重商人，因为他们不事生产，没有创造出财富；没有农民，再多的金剑币也不能当饭吃。王国允许商人们低买高卖发大财已经是恩典了，他们还想要什么礼遇！

乡村饮食

乡村饮食制作简单，花样也没有城里那么多。烹饪方式只有煎、煮、炖、烤，厨具也多为大锅、大罐，使用的调料主要是盐。

煎：煎是家庭主妇们最喜欢的烹饪手法，因为用时短，特别是在农忙的时候随便把什么扔锅里一煎就可以吃了。最常下煎锅的是蔬菜、鲜肉、鲜鱼、腌肉、腌鱼、蛋类、禽肉、香肠。家庭主妇们喜欢放很多黄油，煎出来的食物散发出令人愉快的香味。

炖：在不那么忙的时候，特别是在节庆时炖菜最受欢迎。葱头炖肉是一道常见菜，肉炖得很烂，汤收得很浓，佐以面包或面饼。乡村的规矩是盘子里的东西一丁点儿也不能剩，菜汤也要用面包或者面饼擦干净再吃掉。

有人过生日的时候，桌上一定要有一盆炖鹅。土豆、胡萝卜切成块，蚕豆、豌豆煮熟，把这些用黄油煎了，放进炖锅烧开，再放入切成块的鹅肉，临出锅前再放白菜、紫甘蓝。

烤：村里家家都有烤炉，主要是烤面包用的，有时候也烤鸡等禽类，烤肉只在节庆时才做。

煮：主要煮麦粥、煮蛋。

在乡村还能吃到一些城市里没有的东西。夏天少年们从树上捉来蝉，用火烤着吃；去田里捉蚂蚱、捕蛇，用麦粒抓鸟，还是用火烤着吃。这些乡村孩子们的乐趣，却是卡诺萨人所不知道的了。

至于饮料，主要是酒类。春夏之季家家酿麦酒、啤酒，王国南部的一些村落酿葡萄酒。值得记叙的是，近来有商人带来一种树叶，煮成的汤清香微苦，有提神作用，据他们说这不是亚特大陆出产的，倒和亚维特群岛的御剑师有些关联。农民日的时候东香村的村长兰迪·纳瓦谢里从卡诺萨集市上带回一小罐，有贵客上门才会煮一点。

乡村射手

亚特王国建立以来，魔族的阴影一直笼罩在亚特人心头，尽管王国军队英勇善战，但毕竟要守卫的土地广阔，以东香村为例，最近的王国驻军在省城石桥城。而除了魔族，更现实的威胁是鹿角兽，它的前身可能是某种鹿，在灭世之战时期被魔族诅咒成魔物，有时它们中的几头会跑到人类村庄破坏，村民们不得不武装起来对付它们。

对于终年务农的村民而言，最合适的武器是弓箭。射箭比舞双手大剑或者长枪要简单得多，至于是否精准要看平时练习的多少，而对付鹿角兽靠的是人多势众，数箭齐发总有几支能射中。东香村村长兰迪·纳瓦谢里有三支附过魔的箭，射出后可以自动射中敌人要害，是该村的镇村之宝，这是他的祖父传下来的，一共有五支，5岁那年他父亲曾用了两支，射死两只正在攻击他的鹿角兽。

多数村民使用的是榆木、桑木、榛木做的弓。秋收之后会有几天时间由村长组织村民练习箭术，教大家射箭的，是村长花大价钱聘请的前近卫军步兵肯特·裘德。肯特的脸在7年前和魔族作战时被一把飞来的钉头锤砸中，留下一片巨大的伤疤，还伤了右眼，他的右眼整天戴着眼罩，一只左眼总是骨碌碌地转来转去。

肯特有一把紫杉木长弓，另外他还有一把十字弓是近战防身用的。他让村民们多练练短弓，能在五十步左右射中目标就可以了。长弓练得好充其量可以在更远处射杀鹿角兽，可是练长弓需要更多的时间，秋收后的那几天显然不够。有些年轻人一心想着练好长弓接受王国征召加入军队，肯特说最好别有这个想法，因为如果连你们都被征去当兵，亚特大陆必然遍地战火了。

有人怂恿肯特表演箭术，他说自己不是马戏班的，射出箭去就要见血。于是有人怀疑他伤了右眼早就不能射箭了，直到一天夜里，一只鹿角兽跑到村里杀死好几只羊，村长正打算动用附魔箭，肯特让他别把附魔箭浪费在它身上，他打开眼罩，露出一只闪闪发光的金色右眼，只一箭，就射穿了鹿角兽的心脏。

那是矮人制造，并由矮人法师附过魔的假眼，能像真眼一样让他看清东西，只是它要消耗魔石，所以肯特才用眼罩盖住它，需要的时候才让它工作。这只魔眼价格昂贵，他抵押了自己祖传的一副板甲、一块附魔盾牌才从罗兰多芬特家的钱庄里借出一笔钱来定制了它，为了还债他才跑到乡村来教人射箭。

从那以后肯特得了个"魔眼"的绰号，请他教射箭的村庄也越来越多。

村民中不大有神射手，但对付鹿角兽或者野狼、野猪、熊已经够用了。值得一提的是村里很多姑娘的箭法也不错，有一个叫丽莎的能用长弓，还大胆地和库麦尔比试一回，虽败犹荣。

火热的乡村

赶走魔族之后，亚特王国的农民实现了安居乐业。秋冬两季，特别是秋收之后，王国会举办一系列农业技能竞赛和农产品评比活动。此外，民间还会举办大量的赛会，秋冬季节也是各种手工制品交易的高峰期，来自城市的批发商在村口搭建临时商铺，收购农产品，出售手工制品，形成了贯穿整个秋冬的大集市——冬集。

在亚特王国的农村，冬天一点也不萧瑟冷清，相反，那里充满了火热的生活气息。

冬集

冬集一般开始于秋收节之后，秋冬农闲，农民们有大量的时间安排生活。他们有时候会结伴出游，去卡诺萨看看法师塔，去砺风戈壁滑滑沙，但要说他们最爱做的事情，依然是赶集。

冬集会以每十天一集的形式，从秋收节之后一直持续到下一个播种节之前，这期间众多商人轮流在全国各地的镇子里游走行商。与日常集日相比，冬集要显得规模更大，其中售卖的商品也更丰富和有趣。

每逢集日，周边村镇，四乡八邻的农民们都会赶来凑热闹。他们或者带着自己要售卖的东西，或者是购买日后需要用到的商品，或者只是来看看集上的新鲜玩意儿。更有一些年轻人借着逛集的名义邀约心仪的女孩子。集上总是熙熙攘攘，人头攒动，热闹非常。

通常情况下，除了上交国家和地方，留足口粮和种子，农民们会将剩下的粮食在冬集上进行交易。

因此，每年冬集首集日，按照惯例，农民们会套上车马，载着需要售卖的粮食从四面八方赶往集场。而粮食收购商们会根据国家制定的建议价格，再结合粮食的优劣以及当年产粮数量给粮食定价。

当然，农民们也会根据往年的价格自己商定一个心理价位，紧接着，最激动人心的喊价环节开始了。农人们喊得高，商人们回得低，大家互相喊价，渐渐地便胶着起来。如果价格谈不拢，有时候能从早上一直喊到晚上，最后总是商人这一方认输。但这个时候的价格，往往已经是大家都能接受的了。

事实上，农民们售卖粮食的钱，最终会在冬集上回到商人的口袋里。所以，即便是商人们在购粮的时候吃了少许的亏，只要有漫长而热闹的冬集在，他们依然有办法赚回足够的钱。

除了售卖粮食之外，当地特色农产品和手工产品也是商人们乐意收购的，比如风车镇最出名的醪芽糖，甜蜜中带着隐隐约约的酒香，十分受年轻人的喜欢。

制作醪芽糖的原料最好是当季的新粮，所以在秋收节之前，女孩子们便从收获的麦子中挑选出一些颗粒饱满的，将它们浸泡在清水中。等到过完节，麦芽长到手掌那么长的时候，便可以开始制作醪芽糖。经过蒸煮后的麦芽析出糖分，散发出甜蜜的香味，再趁热加入适量的酒醪，晾凉后便是美味的醪芽糖。酒醪的分量和添加的时机都很重要，这是风车镇家家户户的女性口耳相传的秘密。

商人们出售的产品中，一些新式的小型魔法农具最受农户们欢迎。他们饶有兴致地看着销售商们一次又一次地演示着这些农具的使用方法，事无巨细地询问它们在各种土壤环境中的使用效果、安装在农具上的魔石的使用时间、售后保修等，最后才会下定决心掏出钱包里刚刚卖粮挣来的银典币。

另外，还有一些新奇的魔法玩具也会受到大家的追捧，在村镇中魔法的使用并没有像城市那么严格，大家可以在任何时候，任何地方施放魔法玩具，只要不把屋顶掀了，或者打翻妈妈们刚做好的饭菜，基本不会有人干涉。村镇的孩子们看着会比实际的年龄更大一些，因为他们需要从很小的时候开始承担农活和家务，唯有冬集上的魔法玩具能让他们重新变回孩子。

冬储节前的几个集日，经常会看到成群结队的女孩子结伴来赶集，她们总是几个人一堆，簇拥着一个脸上散发着美丽光彩的女孩。大家一起笑闹着购买很多用品，有时候几群人之间还要偷偷地互相比较一番。这时，商人们便纷纷拿出早已准备好的特别料子和首饰，大声地冲着像蝴蝶一样飞来飞去的女孩子们叫卖，赶集的人们也用最善意的笑容表达着祝福，大家都知道，村子的喜事近了。

官方组织的竞赛

为了激发农民们对农耕的热情，一年四季官方都会组织各种农时竞赛。

每到开春的时候，各家各户的壮劳力就要摩拳擦掌开始准备翻耕赛了。翻耕赛是不允许租赁的大型幻兽参加的。自家的幻兽倒是可以参加，但是农人家中有幻兽的本就是少数，少有几家归乡的勇士，一来不愿意被认为是占了大家便宜，二来也不愿意让跟着自己征战的幻兽吃苦，所以往往都是亲自上阵。

太阳升起，村长敲响村口的钟，翻耕赛正式开始。各块田地泥土翻飞，参赛者的号子声和着田埂垄头的人群发出的欢呼加油声响彻整个村落。等到钟声再次响起，参赛者齐齐停手，村长则带着负责丈量的裁判们挨家计算翻耕面积，围观者们跟着裁判挨家挨户地看，挨家挨户地评论。裁判们都很谨慎和严格，要知道对于翻耕，村民们都是行家里手，裁判们要是有个差错，那可是会受到全村嘲笑的。

当天晚上，村长集合村民在村口的打谷场宣布结果，获得胜利的村民会得到今年公田的优先挑选权。每个村庄中，总会有几户无力耕种的老弱家庭，他们可以向村长提出申请，将田地变更为公田，由村里其他人负责耕种，每年上交部分收入为那些家庭提供基本生活保障，而剩余的收入会由耕种者获得。因此，耕田的优劣直接关系到耕种者的收益，能够挑到最好的公田，就意味着当年的收入将有大幅增加。

当然，当那些老弱家庭有了足够的劳力的时候，他们也随时可以再次申请将公田重新变更回自家的私田。

翻耕赛结束之后，就是播种赛，与前者

全是男性参加相反，参加播种赛的都是女性，她们打扮得干净利落，人人都是势在必得的架势。

我听说播种赛的裁判很难当，因为只有当种子从地里长出来之后才能真正判断之前播下的种子是否匀称、行列整齐。因此，早年间总是有人因为不服裁判而打起来，后来一度还闹到了农业大臣那里。为了解决这个问题，农业大臣派员认认真真地研究了半年，最终研究出了一种能够测量单位面积播种颗粒的小型计算器，自此之后，打架的事件就绝少发生了。

除了春季的翻耕、播种赛，夏季的吃瓜、车水赛等之外，秋季的丰收时节，麦收赛、采摘赛以及之后的收获赛最是热闹非凡。

比赛时节，农民们会将自家种的最好的蔬菜瓜果送到打谷场，每个村子会从中选出最优秀的农产品送到镇上参加比赛。如果最后哪个村子能在省里的比赛中夺得冠军，那他们整个村子的农产品都会受到商人们的追捧，价格比市价至少能提高20%。而比赛中优胜的农产品则会立刻由圣欧斯商会负责拍卖，时常能够拍出天价。

除了技能和农产品的比赛之外，最近几项新的比赛开始在各个村镇流行，这些比赛都是为了普及新品种的培育和新技术的使用。

农业大臣指定的农学家每年会选出部分新品种作物进行试点种植，这需要试点户放弃过去种植的品种，也意味着他们当年的收入无法得到保障。因此，即使农业部门能够给付一定的补贴，农民们也不情愿被选为试点户，更别说是精心养护这些不知道为何物的东西了。

有鉴于此，农业研究部门也吸收了农户们最喜闻乐见的赛会形式，在种植的每个阶段进行评比和指导，而且对最终收获优秀产品的农户赏以重金。此形式一出，立刻改变了大家对新品种试点的态度，好胜心和金钱确实是最有效的刺激剂。

相比之下，新技术使用的比赛更有看头，大型农具的操作比赛总是能让人又激动又担心。用巨大的收割装置来剪头发的效果如何？我不知道提出这个问题的人用意何在，不过值得庆幸的是，提供头发的都是稻草人。

在这些比赛中评选出各种细分的产品和技术的优秀者还是其次，最重要的是，这些村镇的农民们因为这些比赛成为更加牢固而团结的集体。只要这些亚特王国中最根本的存在能够牢牢地坚守这片土地，王国就能生生不息，千秋万世。

🌀 民间赛会

除了上述由官方举办的比赛之外，秋收过后，各种各样的民间赛会也在蓬勃举行。村际的民间赛会分为花冠赛和土赛。

花冠赛的内容主要是女孩子们的手工活，一般几个村会共同拟定一个题目，比如说两个月内，做一件传统的亚特花衫。这项比赛考验了女孩子们从设计、织染、刺绣到裁剪、缝制的方方面面。最终所有的成品会在几个村中巡回展览，所有村民都可以参与投票，得票最多的女孩子会获得一顶美丽的花冠，谁家的花冠多，便表明那家的女孩心灵手巧。如果凑巧那家的姑娘还很漂亮，那么前来提亲的人就会非常踊跃。

土赛，顾名思义就是在土地里举行的比赛，秋收过后的原野一马平川，正适合开展各种村际比赛。最受欢迎的比赛包括野球赛、射箭比赛以及大摔跤。

野球赛是亚特大陆传统的一种手抛球赛，球是由稻草充塞，外面蒙上牛皮做成的，有成年男性的三个拳头大小。每场比赛双方各上场七人，在比赛中，大家要一边跑动一边将球抛给队友，经过所有队友的手之后，最后一人要将球扔出，砸中对方的稻草人得一分。比赛的过程中，对手可以在球飞行的时候拦截，如果球没有被队友接住，掉落在地上，球权交给对方。如果跑动三步之内没有传球，会被判对方球；如果没有传遍队友直接砸稻草人会被判无效，不得分。

亚特王国的村镇中有很多隐藏的神射手，他们日常和其他农民一样操弄农事，勤勉耕作，但如果遇到有魔物或野兽来犯，他们便会取出祖先留下的强弓硬弩，保卫自己的家园。

能参加村际射箭比赛的人都是村中公认一等一的射箭好手，比赛分为三个项目：固定靶、移动靶以及双向对抗。双向对抗赛最激烈，参赛双方需要穿着黑色服装，每人配备10支箭，箭杆一头不装箭镞，代之以布包，双方箭头布包上会涂上白粉，互相检查完装备之后，二人便从不同入口进入一个四处堆放稻草的围场之中，双方需要一边隐蔽自己，一边伺机向对手发起进攻，在一定的时间内完成比赛，身上白点少的人为胜者。

这些射箭比赛不分男女皆可参加，有时候女性的耐心和专注力也会成为制胜的关键。

另外，在比赛结束的那天，会有一场绝活大赛，这是最有看头的比赛，标靶挂在极远极高的杆子上，有人百步开外背身而射，有人骑着幻兽拧腰翻身箭中靶心，还有人纵跃腾空拉弓如满月，飞箭似流星。

大摔跤最为粗野。下雪天气一到，地上积起厚雪，大家等着村口的钟响，就纷纷从家里出来向着村口的打谷场赶去，参加比赛的男人们早已脱成光膀子，在大雪地里捉对摔了起来，这一年里有过不愉快的人家会在此刻互相邀为对手，不论最后谁输谁赢，躺在雪地里大笑一场，之前的过节也就翻了篇。

周围的几个村子会轮流承办赛会，承办的村子总会拿出最好的食物和酒招待前来比赛和观赛的村民。所有的赛会都要消费大量的食品、酒类，马戏、杂耍、歌唱队、戏班则是不可缺少的助兴者。这是辛劳一年的农民给自己的奖励，甚至是作为农民人生意义和价值的具体体现。

客栈节

村镇的冬集和赛会除了吸引周边的村民之外，逐渐扩大了影响，成了亚特大陆一大人文景观。最近每年都有大量的观光客到村镇过冬，体验与城市里萧瑟寒冬完全不一样的热闹冬季。

为了满足观光客的住宿需求，村镇中修缮了一些富有特色的主题客栈。他们将民居的特点融入客栈之中。村民们的热情招待让游客觉得既新鲜又有趣。

相比城中整齐单调的客栈，这些主题客栈主打的就是特色，其主题包括当地历史、特产、风俗和文化名人等。涉及阿格里斯主题的客栈数量众多，据说有一个客栈曾表示，他们的旅店由阿格里斯王的家改造而来，其中一间客房就是王的诞生地。为了佐证这一点，客栈里陈列了详细的资料。他们甚至还找来一个残破不堪的木马，说是阿格里斯童年的玩具，并把它陈列在门厅的一盏魔法灯下，上面堂而皇之地贴上标签，写着"四海之王的第一匹马"。

随着客栈业的兴起，客栈行会每到冬尽春初时，会设立"客栈节"。一整个秋冬季，游客们会将对客栈的评价放进客栈门口的密封箱中，到"客栈节"的时候，行会将公开这些评价，从中评选出最佳客栈。各地的最佳客栈会得到客栈行会的奖励和公告，公告会全年展示在各地客栈行会的布

告栏上，游客们出游前，可以根据自己的目的地在公告栏上寻找当地的最佳客栈。

这样也客观促进了客栈对自身的要求。为了获得最佳客栈的荣誉，吸引来年更多的住客，他们总是想尽各种办法，除了住宿卫生整洁、餐食可口之外，还逐渐开发出了很多游乐活动，带着观光客们深度体验农村生活。

另外，为鼓励游客出行，客栈行会还在"客栈节"举行抽彩仪式，最幸运的游客可以获得三年内免费入住亚特王国各家客栈的资格。这位幸运住客会受颁一份由客栈行会会长维尔夫亲自签署，有效期为三年的"幸运住客"入住牌。

但是近期有人发现，这两年的"幸运住客"与会长维尔夫女士都有着千丝万缕的联系，大家开始质疑客栈行会在这项抽彩上的公平公正性。

肯尼迪斯科家主肯尼先生说过，运气这种事情，或多或少跟身份还是有点关系。我觉得 客栈行会应该规范自己的行为，才能有足够的公信力。

以上为《四海王典·国农村的代表》之章（续完），赫丽一世补撰于风车镇东香村田间。

多情竟被无情恼

旧历春月末日 天气紊乱的黄昏

今日我们经历了大半天的游览后，在大约下午三时到达了镇子东头的"木马客栈"。在这春耕繁忙的时节，正是乡村客栈业的淡季，此处差不多是整个风车镇唯一还在全天候开门营业的客栈，原因是客栈主家豪托克家族如今只剩一门妇女，这个缺少壮劳力的家庭将她们的田地租了出去，平时只以开店和纺织为业。

淡季令店家生意冷清，但却使我们感到欢悦，现在空无旅客的小小客栈显得干净、宁静而又温馨。在诗寇蒂的提议下，我们一致决定今晚不再回东香村去打扰村长一家，而是改在此家客栈下榻。我们的入住令店主豪托克太太喜出望外，她无比热情地帮我们搬行李、安顿下处，看起来丝毫不逊于一个男人。库麦尔第一时间将安德鲁和维拉牵到马厩去刷洗、款待它们一顿豆料，而斯蒂芬妮则好像对这个世界充满无尽的兴趣一般，又跑到客栈外的菜田里去研究稻草人了。

我留诗寇蒂收拾房间，自己跟出客栈门外想看看斯蒂芬妮的动向。就在这时，我听到客栈后院传来开弓的声音，呼啸的箭响令我一惊。远处的斯蒂芬妮耳力似乎比我更好，脸色一变就立即转头大步奔向客栈的后院。我也提裙跑过去，我们都在担心库麦尔遭到偷袭，毕竟他伤势未愈而罪犯齐纳提福尚且在逃。

可当我们冲到后院马厩前的时候却都呆住了，只见一只乡村自制的羽箭射在马厩的栏杆上，而库麦尔和两匹马儿都很远，而十码开外手持长弓射出此箭的人，却是一位十八九岁、颇有几分姿色的瘦高姑娘。嗯，颇有几分姿色。看到我和斯蒂芬妮慌忙地冲过来，这位一头红发编成两根粗长辫子的姑娘好整以暇地对我们行了一个提裙礼，尽管她只穿着一条挂箭壶用的皮制围腰短裙，和像男子的战装一样利落的紧身裤子与皮靴。

长辫姑娘自我介绍说，她正是木马客栈店主的女儿丽莎·豪托克，也是风车镇十里八村最著名的女长弓手，曾赢下三届全镇射箭比赛的头彩。而她此刻持弓到此挑战，乃是因为听闻风车镇近六十年来最出息的白银骑士重返故乡，有意与库麦尔切磋一番。

一场虚惊。我松了口气，却不知为何下意识地转头看了一眼站在我身旁的斯蒂芬妮。这一眼果然没白看，我看到她的脸上足足挂了一整天的灿烂笑容在这一刻消失了，她怔怔地望着马厩前手握长弓的女孩与库麦尔攀谈，脸色好像一瞬变得有点苍白。

此刻的库麦尔显得有些两难，要他这个曾经血战魔族大军的骑士与这么一个乡村女射手比试似乎胜之不武，可是作为一个骑士，正面回应挑战又是最起码的礼貌。然而丽莎一再固请，并搬出了骑士规矩来说话，库麦尔只得应战。听到两人要比试射箭的消息，诗寇蒂第一个从客栈房间里蹦了出来，满怀期待地拍手观战，豪托克太太也兴致盎然地来围观，还叫了两个邻居大叔大婶来凑热闹。这一切都加剧了库麦尔的窘迫。

比试以客栈后院一棵大橡树树干上刻着的圆圈为靶，按照乡村赛会的规矩，分主客顺序，丽莎先开弓。丽莎一箭射中了树靶的圆心，引起窸窸几

名观众的欢呼，其中诗寇蒂激动叫好叫得最响。说真的我也对丽莎的技艺有些震惊，刮目相看。我看斯蒂芬妮也不得不露出了一丝少见的艳羡与断色。

轮到库麦尔开弓了，丽莎将手中的长弓借给库麦尔，抛给他一个微笑。库麦尔用同样的乡间土制羽箭拈弓搭箭，没有停留一秒就弦响矢发，令我疑惑他到底有没有瞄准，放水可不是一个骑士在比武中应有的态度。

然而我错了。库麦尔的羽箭带着风响，直接刺进丽莎所射羽箭的箭尾，劈开整根箭杆，贯穿前箭的箭镞而牢牢刺进树靶圆心。现场观战的人都惊呆了，只有诗寇蒂蹦跳着爆发出比刚才还响一倍的热烈尖叫。

库麦尔转身将弓还给丽莎，丽莎呆呆看他片刻，一脸的泄气，接过长弓来垂着手，将弓尖点在地上。这个动作在弓手来说，表示彻底认输，停止比赛。

"我本来还想和你三箭决胜负，"丽莎的语声中充满失望，"谁知道一点机会也没有，更不可能再向你要任何彩头。"

这姑娘悲喜来得直白，倒令库麦尔顿时明显地内疚起来。"豪托克姑娘，"我那生性耿直的骑士语塞片刻之

后微笑着说,"这样吧,你想要什么彩头,我送给你,聊表谢忱。"

丽莎抬起头望着库麦尔,双眼明亮,顿时又高兴起来。"真的?我输了还可以得到彩头?"她笑问,得到了库麦尔点头肯定。于是那个乡村姑娘就这么大大方方地当众说道:"我希望你能和我约会一次。"

豪托克太太、左邻右舍的大叔和大婶都一起豪爽地哈哈大笑起来。我、库麦尔、斯蒂芬妮和诗寇蒂却好似被当场泼了冰水一样冻住了,老半天说不出半句话。

库麦尔说得对,这村镇里的人的确非常可爱。

我又特意看了一眼斯蒂芬妮,她的下巴好像掉了一样半张着嘴,大睁着一双眼睛望着眼前事态,脸色已经从苍白变得耳根微微泛红,根据我的杂学堂医学老师所教导过的知识,她这是突受刺激、血冲上脑的表现。

我没想到在我们这群城里人当中第一个冷静下来的是库麦尔自己,不愧是有过风车镇童年生活经历的人。只见他尽量充满礼貌地对着丽莎躬了半躬,保持着平静的声音回答道:"谢谢你的好意,豪托克姑娘。我不能答应你这个提议,不过,作为补偿,"他说着从腰包里取出一枚灰色的小铁牌,"我在卡诺萨奇巧街的地精作坊,订做了一把附魔弓,这是取弓的凭证。我把它送给你,权充彩头。"

库麦尔说着将铁牌交到丽莎手中,一个微笑,然后迅速转身走开,头也不回。

在我看来,库麦尔不过是突然遭遇了表白然后不失礼仪地拒绝了,但在斯蒂芬妮眼中看到的却是这件事情的另一个侧面——库麦尔吸引着为数不少的爱慕者,而且都是可爱又不失优秀的年轻女子,而亚特唯一的白银骑士随时可能爱上她们当中的一个,这一切无比合理。这时她心中徘徊的就是这些念头,都从她那双凌乱闪动的眼睛里涌现了出来。

诗寇蒂年纪太小,是看不出这些的。但我毕竟有过相亲舞会的经历,已经算是个堂堂的成熟女子,我看得出。

就在我认真观察揣摩成年男女复杂微妙的情感世界之时,已经呆站了好一阵子的斯蒂芬妮突然也转身疾走,她向着与库麦尔相反的方向大步走去,直冲到客栈院落的外面。眼见她越走

159

越远，我忽然意识到她可能不是打算继续去看菜园的稻草人，而是又一次要不辞而别。我刚要开口叫住她，却有一股平地陡起的旋风迎面扫来，吹迷了我的眼睛。

那虽然是风，但却有着颜色，是黑色。我曾在雀尔登大法师的教导下识得此种异象——这是有人动用了禁忌魔法。

魔法学徒齐纳提福，他来了。

当我们所有人反应过来时，齐纳提福已经操纵魔风将斯蒂芬妮卷到半空，黑风好似缠索一样紧紧地缚住她的四肢和脖颈，看上去她马上就要窒息。齐纳提福乘风飘浮在半空中狂笑着，眼白四周泛起使用禁忌魔法时典型的黑气。

"自从这个女人来到了镇里，我就已经嗅到她的气味，"齐纳提福沙哑地笑道，"她很奇怪，非常的奇怪。她的身体里有一种奇怪的，奇怪的能量——我猜，远比那只三头魔狼的心要好吃。"

"你要干什么！"情急之下我已顾不得许多，冲着悬浮在半空的堕魔高喊，"如果你敢动用禁忌魔法吞噬斯蒂芬妮的生命，蓝袍魔法师协会绝不会放过你的！！"

齐纳提福仰天怪笑："你这个小女孩懂得还真多。但如果蓝袍魔法师协会能够控制一切，这个世界上早就没有邪恶了！"他说着舔了一下他自己的嘴角，反倒更收紧了黑风，被绑架的斯蒂芬妮忍不住发出一声惨叫。诗寇蒂叫喊着想要冲上去救人，却碍于斯蒂芬妮扼制在敌手，根本不知该如何发动。

正在此时，一阵疾风从我和诗寇蒂的身边掠过。是库麦尔，他不顾腿伤飞速前冲，掠过丽莎·豪托克身边时直接抽取了她手中的长弓。

库麦尔冲到距离齐纳提福十步的地方骤然停住，拈弓搭箭对准了悬浮半空的他。

齐纳提福愣住一瞬，便又仰天狂笑。他操纵黑风将斯蒂芬妮的身体横过来当作盾牌挡在他的身前，只露出一张脸来对着库麦尔叫阵。"哦，骑士，你是从这个镇子走出去的小伙子吧。我已经将自己的生命和这个镇子的未来连接在了一起，"邪恶的修炼者得意道，"你不要忘了，我可是这里的驻镇

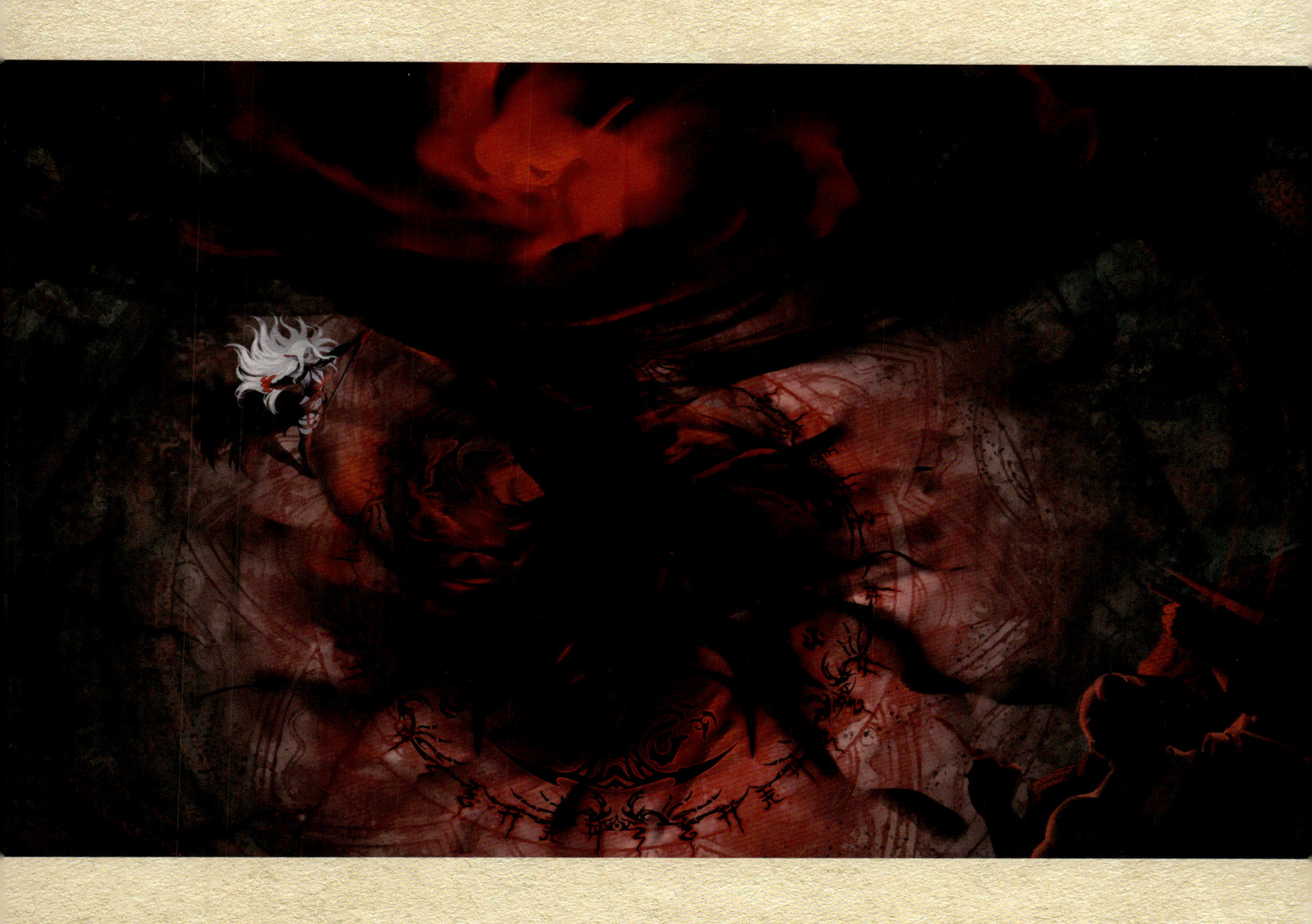

农事法师，完全可以做到这一点。你真的敢杀死我吗？"

库麦尔拉着弓不言不动，浅蓝色的眼睛化作了冰霜。

"犹豫胆怯了？"齐纳提福仿佛胜券在握，得意笑问。

"不，"库麦尔忽然开口说话，字句也仿佛坠地的冰锥，"我只是在瞄准。"

此言一落，长箭破空。库麦尔在十步距离射出必死之箭，正中齐纳提福眉心，飞掠的箭镞只挂断了斯蒂芬妮的几丝头发。

魔法黑风骤然消散，斯蒂芬妮从半空坠落地上，齐纳提福则发出惊人的哀嚎，然后断气，他的身体像一截枯木一样砸落在地上。

库麦尔受伤未愈的左腿已经支撑不住，令他单膝跪倒跌在地上。斯蒂芬妮惊魂未定，便爬起来奔到库麦尔的身边，我和诗寇蒂也围了上去。斯蒂芬妮焦急地问库麦尔伤势如何，库麦尔却抬起头望着天空。

"驻镇农事法师拥有可以影响本镇天气的魔法物品，他将自己的生命能量和魔法物品连接……"他浅蓝的眼中落满了忧郁，"他死了，风车镇的气候要失控了。"

我闻此，也不禁抬头望去。就在这短短一分钟里，我们头顶上的天空，已聚起了可怕的环形风暴云。

这样的风暴是要令整个镇子的农田绝收的。

我的心中一寒，不禁站直身子，低头冥思。片刻的沉默后，我对我的骑士、斯蒂芬妮和诗寇蒂说："看来我们无缘住宿在木马客栈了……我们必须马上赶去省城。"

BOZVUR PROVINCE
第六章
一个典型的王国行省
——博兹弗省

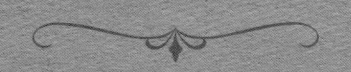

如今王国的20个行省中,有15个与博兹弗省类似。

英雄难堪乍别离

旧历绿月一日 晨露湿寒

我们没有时间从容地行路。我、库麦尔、诗寇蒂和斯蒂芬妮骑乘安德鲁和维拉两匹冠盖王国的快马，连夜策程狂奔向石桥城，平时需行一日的路程只用了五个小时。我们都不知道库麦尔的腿伤如何了，他对此只是一声不哼。

关于王国的行省，我所知的资料如下。

王国的行省

亚特王国共有20个行省，居住在各行省的居民共有700万人。

行省由国王直接掌控，省督由国王任命，头衔通常是侯爵。而行省内规模大的城镇则仿效卡诺萨，市长由各城市的城市集团会议选出。而规模小的城镇，市长由当地商会或行会推选。

农民上缴的地租交到国库，不允许行省截留。卡诺萨附近的农民把地租直接送到王国仓库，偏远的行省可以代收并组织车队把地租送到卡诺萨，向缴租的农民收取少量费用。

行省所需要的开支一部分由王国拨付，另一部分来自行省内城市缴纳的两成税款。

但是这是现在的情况,而在亚特王国建立之初,阿格里斯王把王国直接管理土地中的大部分分封给了在战争中建立功勋的部下,余下的土地上设立了5个行省。千年以来几经演变,自治领的数量和面积逐渐减少,行省数量逐渐增加,与撰写《四海王典》第一版时的情形已大不相同。我看王典损坏的根本原因,就是上面写的内容过时了,和王国的现实出入巨大。

目前王国20个行省和省府的名称如下

行省名	省府名	行省名	省府名
博兹弗	石桥城	隆何美尔	花语港
雷文哈尔	银月市	古丹	黑石林市
索姆亨	新绿城	博尔特克雷格	奇迹城
瑟纳洛斯	风港	崔福尔	天峰市
明特斯沃德	魔力多	伏特格拉尔	伏特堡
兴登布尔格	铁匠城	艾文达	青花市
戈达林	巨岩市	伦奇托	铁梨市
诺瑞丹	雨城	班布里斯	舒林市
桑塔露西亚	彼岸市	伊斯本尼	冰城
李尔芬	雷霆市	马洛克	武得堡

博兹弗省

离开风车镇南行一日便是博兹弗行省的省府石桥城。

这个行省的简要概况如下：

总人口： 35万人；其中城市人口8万人，农村人口17万人

总面积： 4.5万平方千米

省首府： 石桥城

省内城市： 4个

省内村庄： 62个

四个城市分别是：

石桥城： 人口3万

乌库市： 人口1.5万

米拉梯卢钦察市： 人口2万

绿樱市： 人口1.5万

博兹弗省位于卡诺萨正南方向，西临阿格里斯湖，东面是雷文哈尔省，南接索姆亨省。另外西南方向是号称国中公国的阿育图公国。

省内是一望无际的良田，每年上缴的粮食占了整个王国的一成。

行省沿革

博兹弗省在王国之初是艾格·瑞伯斯侯爵的领地。瑞伯斯侯爵在战争时是阿格里斯王的传令官，专门去那些战况激烈、情势危急的战场传送命令。阿格里斯身边的传令官如流水般更换，只有瑞伯斯九死一生，虽然多次重伤还是活了下来，阿斯里斯称他是"不死的瑞伯斯"，王国成立时封他为侯爵，把现博兹弗省的土地封给他

作为领地。

瑞伯斯脾气暴躁，连阿格里斯都敢顶撞。阿格里斯念他功高，不与他计较。瑞伯斯晚年回领地养老，阿格里斯乐得耳根清净。不料瑞伯斯回乡后仍不安分，苛酷对待农民，经常因一点小过就将人砍断手脚，把人打死也是常事。

一次他巡视领地，农民哈恩因耳聋没听到亲兵的吆喝挡了他的路，被他亲手用钉头锤打死。哈恩的儿子索科亚想去阿格里斯面前告状，瑞伯斯的手下想把索科亚抓回来，瑞伯斯却无动于衷，任凭索科亚去告。阿格里斯被瑞伯斯的暴虐惊呆，下令瑞伯斯到卡诺萨来说明此事。瑞伯斯来到阿格里斯面前，半点不否认，只数落阿格里斯小题大做，为这么点小事就让他顶着烈日跑这么远的路，居然还站在农民一边指责他。说完扔下一张牛皮就要回家。

阿格里斯强压怒气，以对国王不敬的罪名把瑞伯斯降为伯爵，领地也从四个城市45个村缩小到1个城市12个村。

回家路上艾格·瑞伯斯病亡，长子洛恩斯继承爵位。洛恩斯认定父亲是被阿格里斯气死的，暗中收买刺客，预谋在幻兽节刺杀阿格里斯。阴谋败露后洛恩斯煽动另一名因过失被降爵的贵族斯坦奇米特一起发动叛乱，双方一拍即合。当晚二人狂饮，踌躇满志，洛恩斯许诺打下亚特王国和斯坦奇米特平分江山，并称为北亚特王和南亚特王。翌日醒来，洛恩斯发现自己被铁链捆在马上送进了卡诺萨。阿格里斯王判他入狱，剥夺了他的爵位和领地，把领地封给了斯坦奇米特。75年后斯坦奇米特家族绝嗣，时任国王决定收回领地不再分给其他贵族，于是把这块领地连同原来瑞伯斯家领地的3个城市33个村合并设立了博兹弗省。

如今王国的20个行省中，有15个与博兹弗省类似，之前都曾是贵族的领地，后来因为各种原因被撤销，设置了行省。

省督衙门

行省的最高官员是省督，其官署称省督衙门。省督是国王委任的，如果在任上不出大错，可以一直干到寿终正寝。

省督的职责是管理行省内除军务外的一切事务。不过比起朝廷中那些整日泡在文牍中的大臣们，省督的工作算得上清闲。因为省里的各方面都有负责的官员，各城市有市长来管理，各村有村长管理，他无须处理具体的事务，也不用升堂问案，一天里倒有半天不在省督衙门。

现任省督是万德·切坎巴斯金侯爵。我对这个人完全没有印象了，但库麦尔说他是我父王的棋友，在我小时候他常进宫陪父王下棋。他家境殷实，在卡诺萨有很多房产，靠收租金就能过得很安逸。他的棋艺比父王高，父王一辈子都没能赢他一盘。

后来博兹弗省的省督培根侯爵病逝在任上，四大家族为争这个职位暗斗得厉害，父王就让他去接任。初到任时人们只当他是会哄国王开心的宠臣，对他颇为敷衍。他不动声色地观察了几个月，一口气撤掉三个衙门的负责官员换上能干的人，令博兹弗刮目相看。

切坎巴斯金侯爵仍然保持着下棋的习惯，公务之余他经常乔装去街头、酒馆，一边下棋一边听老百姓的街谈巷议。另外在行省法庭审案的时候，他一定会列席旁听。

省督衙门下属的几个衙门

◆ **农事衙门**

负责官员为督农官。督农官是省督最主要的助手。一个行省到了秋天可以正常缴纳粮食，那么省督即称职。督农官事务繁杂忙碌，要随时掌握整个行省农作物的生长状况，关注天气变化以提前做好准备。而天气将如何变化，就要靠占星师来预测了。众所周知，卡诺萨西里尔学院的占星术是王国最强的，所以督农官身边一定要有一位西里尔学院毕业的属官。而占星是件复杂的事，占星师们总是带着一大厚本画着各种图表的书，一边看着星空，一边对着图表在纸上写写画画。折腾一夜之后，占星师会给出一个很确定的说法：明天会有大雨！三天之内有霜冻！明天要刮大风了！当然，占星师的预测有时候准，有时候不准，但督农官不敢大意，必须把占星师每一次的预测结果传达给农事官，农事官再传达给每个村庄。有时候大家白忙一场，比如占星师说有暴雨，大家连夜疏通、加深排水沟渠，第二天却只掉了几个小雨点儿，但谁也不敢大意，下次占星师说要下暴雨的时候，大家还是要忙起来的。

现任督农官是潘克亚子爵，年轻时学过魔法，后自感天赋不够，主动放弃进入蓝袍魔法师协会转而从政。

◆ **财务衙门**

负责官员为财务官。财务官管理行省的所有收入和支出。收入有两笔，一笔是王国每年拨付的年款，一笔是城市上缴给王国的税款中行省可以收取二成。支出则包括公立机构（也包括省督府的官员们）的人员薪资、房屋修缮、公共设施的兴建和维护，特别是雇工补贴也是由省财务衙门发放的。

现任财务官为莫泊安伯爵。他年纪不大，听力不佳，跟谁说话都大声吼，像吵架一样。

◆ **司法衙门**

负责官员为司法官，主管行省内法令的推行和重要案件的审理。这些案件或者是市法庭久审不决的，或者是社会影响大，由司法大臣直接指派给行省法庭审理的。

负责审理案件的是行省法庭的九名法官，司法官并不在其列。不过需要行省法庭审理的案子并不多，所以司法官也算是半个闲官了。

现任司法官为法特密特伯爵。他已经快90岁了，仍然耳聪目明。

◆ **医药衙门**

负责官员为医药官。主管行省内医馆和从医人员资格的核查，另外也负责组织医馆整理病例和药方，编写地方医疗志。这是个有名的清水衙门，有笑话说连医药衙门里的老鼠都瘦得皮包骨头。

现任医药官为西摩斯子爵，来自一个没落家族。索文曾希望我加恩授予他一块领地，我说他家族过不好日子也不是我的过错，干吗要平白给他块封地，索文也就没再坚持。

◆ **商贸衙门**

负责官员为商贸官，管理行省内的商业和贸易，这是个苦差事。圣欧斯商会、赫尔墨斯商会在本省都有分会，他们各有一批实力雄厚的商人，每天都为生意的事发生摩擦。圣欧斯商会指责赫尔墨斯商会不规矩，不讲商誉，没有商德，赫尔墨斯商会指责圣欧斯商会行事古板，阻碍商业发展。他们都要求商贸官处罚对方，如果商贸官真的处罚了某个商人，来自商会、商人所在城市的城市集团会议、和他有关联的大商人都会来施加压力。

这还不算，四大家族在本省都有生意，有些是明的，有些是暗的。谁知道哪个不起眼的小商铺背后老板就是四大家族或者他们的追随者呢？

现任商贸官为麦科斯冬伯爵，他早年曾师从聂尔顿教授，擅长放血疗法。

◆ **驻省法师塔**

驻省法师受国王和蓝袍魔法师协会的双重委派，主要任务是应对对农业不利的天气和灾害。法师们一向深居简出，在高塔上研究魔法，教授学徒。不过他们并非不通情理，如果有紧急公务、军务需要立刻去卡诺萨面见首相甚至国王，只要省督出面，法师可以布一次性的传送法阵把人传送过去。当然，费用由省督衙门承担。

现任驻省法师为图塞克，他也是崔尔登的学生。

以上为《四海王典·一个典型的王国行省》之章（待续），赫丽一世补撰于博兹弗省石桥城。

当我们一行人赶到这座驻省法师塔时，天正黎明。本以为这样贸然拜访难以顺利得到接见，没想到图赛克法师却早已衣冠整齐地在等待我们了。看来魔法学徒齐纳提福的死讯他已知悉，并且对我们的到来早有准备。

果不其然，还没等我们开口，图赛克法师就先声夺人地表明了他的立场。他告诉我们，齐纳提福是他唯一的爱徒，一位极有天赋和前途的年轻魔法师，风车镇指控齐纳提福施展禁忌魔法并以此为由谋杀了他，如今却拿不出任何证据。杀害了一位蓝袍魔法师协会注册门徒更兼侮辱了法师的清名，风车镇必须为此付出代价，因此他是不会出手替风车镇恢复气候的。

听了图赛克的声明，我已明白，此事绝无转圜余地。但库麦尔却拒绝接受这个现实，他不断与图塞克抗辩，并且把杀死齐纳提福的责任归咎于他个人的行为，甚至不惜为此接受蓝袍魔法师协会的审判。坦白说，到了这一刻，我才开始意识到一个村镇的收成在库麦尔看来是多么重要的事情——的确，这也许关系着一镇人的生死大事，从前我也曾在农政课程上学到过这一点，但直到今日，我才真正像泰林先王一样，发自内心地理解了农业对整个王国的重要性。谁能想到呢，我真正的农政老师却是一位骑士，我忠诚的库麦尔。

但我是不可能允许我唯一的忠诚骑士栽到那群离群索居的法师手里的。我下定了决心，做好了准备，打算在图塞克法师的面前亮出我女王的真实身份来给他下命令——尽管我深知，在这场微服游历当中这样做，意味着无限未知的危险。

令我没想到的是，在这关键时刻，比我早一步站出来的却是斯蒂芬妮。

斯蒂芬妮突然跑到图塞克法师跟前，充满警惕的法师甚至已经对她举起了魔杖，但她贴近了法师与他耳语一句，图塞克却放下魔杖，开始与她低语密读。两人又交流了几句话后，图塞克做了个恭请的姿势，邀斯蒂芬妮与他一起转入法师塔的高层密室去了，把我们一行人直接扔在厅堂不管。眼睁睁看到这一切的我们都一时无措地呆住，无论是我还是库麦尔。我看到斯蒂芬妮随图塞克离去之前回头一望，她暗红色的美丽眼瞳，那样深深地望了库麦尔一眼。

过了至多一刻钟的工夫，我们看

到一个满脸带着和蔼微笑的图塞克法师回来，却没见到斯蒂芬妮与他一起。图塞克告诉我们，他改变了主意，同意去拯救风车镇的天气。事情陡转峰回，我一时竟不知还能说些什么。但库麦尔却突然喝了一声，他叫住图塞克，质问他把斯蒂芬妮带去了何处。

图塞克半晌笑而不语。而后他只是告诉我们，此刻的斯蒂芬妮已被他用魔法阵传送到了遥远的地方，她的去向与我们无关。

我忽然意识到斯蒂芬妮去哪里是她的自由，确实本来就与我们无关。我猜此刻的库麦尔也意识到了这一点，我看见他冰蓝色的眼睛一瞬暗淡。

后来的事情是，风车镇的异常天气被图塞克控制，恢复了春日应有的风调雨顺。而我则收到了从卡诺萨朝廷传来的一则政务消息：因为我的堂叔伊利法大公施加了影响力，博兹弗省驻省法师图塞克，被调升到王都法师塔进修。

我骤然明白，这是一场交易。但令我不明白的是，斯蒂芬妮和我的堂叔伊利法之间究竟有什么特殊的联系？斯蒂芬妮的身份，每一天都令我产生更深的疑窦。

但此时此刻，继续在博兹弗省踏勘游历的我们安静地走在路上。我和诗寇蒂都减少了说笑，因为我们都能感觉到缭绕在库麦尔心头的那片怅然若失的忧伤。

那一天，当我们离开驻省法师塔时，库麦尔从他的怀中取出了一块手帕。我认得，那是在卡诺萨时斯蒂芬妮用来蒙住诗寇蒂眼睛的那一块帕子，我却不知何时库麦尔将它洗净叠好，就这么好好地藏在身上。

"还没来得及还给她，"白银骑士看着那块帕子低幽地自言自语，"还会有机会还给她吗？"

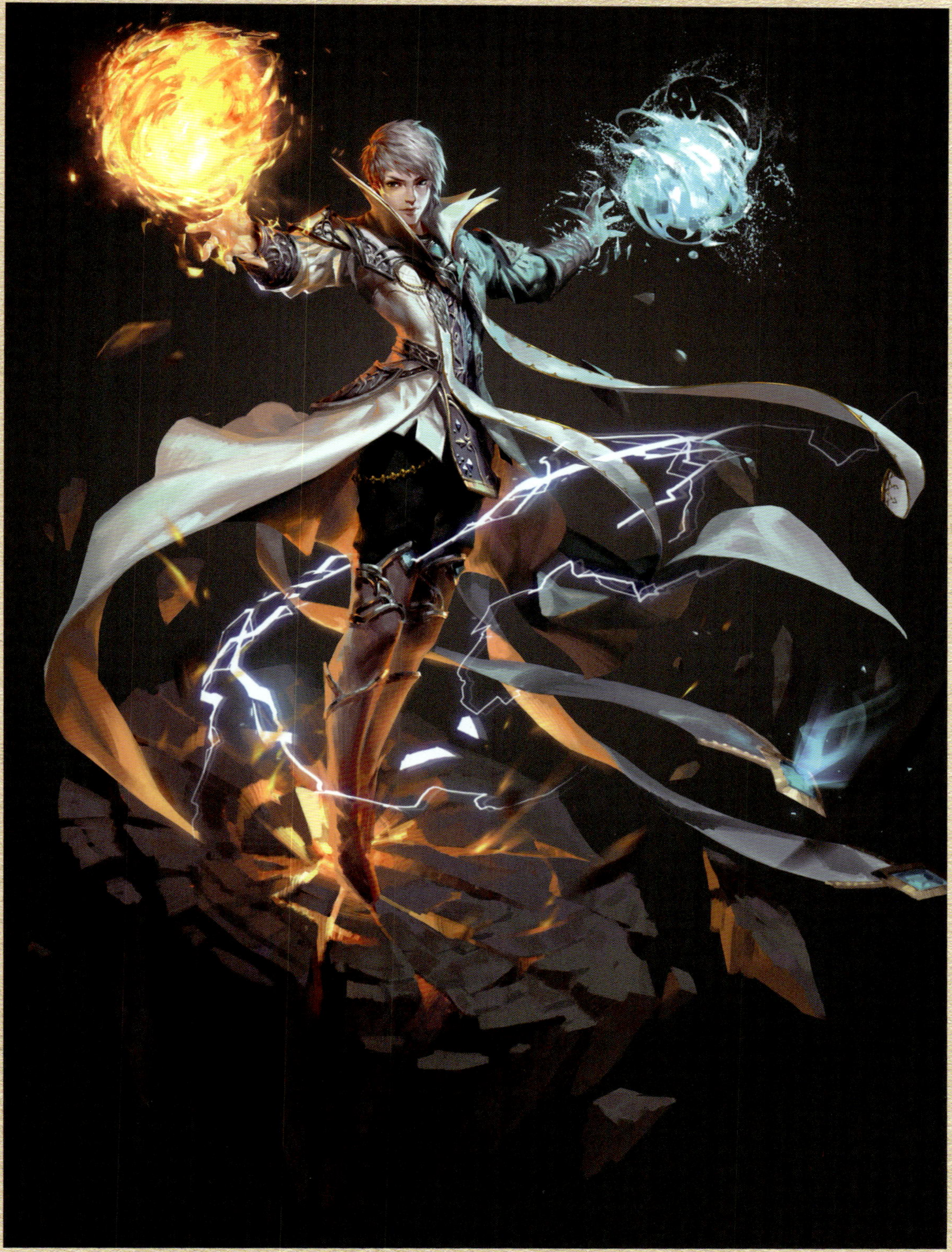

离开石桥城之前，我拜访了我的亲舅舅邦斯。他的生活忙碌而充实，对眼下的地位也很知足。在他家期间他给我讲了关于行省和城市、行省与农村之间的关系等诸多掌故，正好可以补充到我的笔记中。

行省和城市

在城市集团会议成立之前，城市的市长由省督提名国王任命。博兹弗首任省督阿尔马侯爵提名他的儿子做石桥市市长，表哥做乌库市市长，两个女婿分别做米拉梯卢钦察和绿樱市市长，国王毫不犹豫地批准了。虽然阿尔马在任人唯亲，但国王需要新的势力来平衡、压制瑞伯斯和斯坦奇米特家族。

待到城市集团会议成立，市长不再由省督提名时，国王默认了这个局面。虽然是情势所迫，但商会、行会、蓝袍魔法师协会选出来的市长，又可以平衡和压制省督的势力，并非全然不能接受。而省督和市长的关系则变得紧张。虽然市长仍然归省督管，但毕竟不是"自己人"，不但不服从自己，还会摆出一副对抗的姿态和自己争权夺利。省督虽然无权撤换市长，但可以抓住市长的过失要求城市集团会议惩罚市长；如果市长犯罪，那城市集团会议必须重选市长。

省督和市长们平时用公文和信件沟通。王国有新的法令会寄发给省督，省督再发给市长，要求他们按新法令对城市法令做出调整；市长要发布哪个方面的城市法令无需请示省督，但在发布新的城市法令前必须把文本提交给省督，由省督检查是否与王国法令相抵触，如果省督认为有抵触可以不同意发布该城市法令。于是双方就有问题的条款展开辩论，公文在省督衙门和市政厅之间滚来滚去，动辄三五个月。这会儿他们都不着急。省督占主动当然不急；市长不急是因为有人比他更急。每条城市法令都是商会、行会、蓝袍魔法师协会争吵许久才达成的妥协，如果迟迟不能通过省督的检查很可能得重新起草制定。而大家为这条法令已经吵得筋疲力尽，谁都不想再吵一次了。于是他们自然会替市长出面，施加影响，做些交易，促使城市法令尽快推出。

省督和市长们每年会面两次，解决公文、信件解决不了的分歧。面对面的沟通是必要的，因为公文和信件都是文字，而文字要么戴着面具，要么被情绪所左右，影响了沟通的效果。

两次会面一次在省督衙门，市长们陆续拜访省督；一次在市政厅，省督逐个回访。如果两次会面后仍然有严重分歧无法解决，那么省督和这位或这几位市长就会结成私敌，一有机会就给对方拆台、挖坑、下绊子。一旦形成这样的局面，失败的总会是市长。因为商会等团体不会允许市长和省督有私人恩怨而影响了生意。如果市长无法和省督恢复和平，他们可以另选一个市长出来。

簿记官战争

我的舅舅邦斯是财务官莫泊安伯爵手下的税务官，省督和市长博弈战中冲在最前线的人。

每个月城市都应该向王国缴纳税款，其中有两成归行省。而在需要缴纳的金额上，行省对城市一直抱着不信任的态度，因此在城市缴税之前省督会派税务官核查应缴税款金额。邦斯舅舅给我讲述了前几天他去石桥城市政厅核查的情景。

省督衙门离石桥城市政厅不远，步行十几分钟就到了。舅舅率领着他的军队——20名眼睛里带钩子的簿记官，浩浩荡荡杀进市政厅。还没走到市政厅大门，一队人马从市政厅内杀出迎战。敌人的首领是市财务官麦瑟尔男爵，他热烈地欢迎、拥抱舅舅，舅舅也不示弱，他夸奖、赞美着麦瑟尔，说着"全靠您了"之类的知心话。

双方在市政大厅摆开战场：两排桌椅壁垒分明，舅舅这一边的桌上摆满了账册、单据。账册、单据是各商会、行会、法师会及会中商铺、摊贩交给麦瑟尔的，麦瑟尔已经核查过一次，算好了各家要缴纳的税额。

然而舅舅强烈怀疑麦瑟尔隐瞒了收入，这些账册中尽有不实之处。舅舅他们也是有备而来，他们带了最近一年的《亚特周刊》，虽然这份周刊最吸引人之处是各种传言、时事，但传递政务、法令、商务的基本功能还在。上面的商务信息里有码头、货栈存放、吞吐的货物种类和数量。舅舅手下的簿记官除了带钩的眼睛，《亚特周刊》也是有力的依据。

双方坐定后，就正式开战了。

舅舅一方的簿记官们探出眼睛里的钩子，努力从一页页账册、单据中寻找破绽，每一处破绽都可能是哗哗响的金剑币。

核算账目时簿记官们各显身手。老派簿记官偏爱指算，十根手指飞快舞动到无法看清，边算边念叨着，不时点头或摇头，舅舅说他们能算清小数点后五位；有擅长笔算的，在面前铺上纸卷，边写边把纸卷展开，写得简直比账册还要多；有些年轻簿记官喜欢用算尺、算木，更有人在算尺、算木上加了点魔法效果，每算一数就发出金铁交鸣之声，以图震慑敌人。

一旦发现破绽，立刻请舅舅过目，舅舅请麦瑟尔解释，麦瑟尔就派手下来过招。过招比的是算功、辩论甚至是嗓门。一天下来，双方都声嘶力竭，有人更是喊破了嗓子，说不出话。

结果往往是，攻方确实能在账册中发现些问题，守方确实是有意想把一些收入含糊过去。但是市政厅隐瞒不报——或者是簿记失误漏报的收入金额不会特别大，差额不会超过应缴纳税金的5%。舅舅和麦瑟尔对这个结果都不太满意，都很勉强地在确认文件上签了名。签过名的文件要送交财政大臣，税款由专门的武装护卫押运缴到行省和国库。有人曾建议各城市把税款存进罗兰多芬特家族的钱庄，然后把存款凭据交给国库就好，这个建议在御前会议上被断然否决。

至此簿记官战争告一段落，双方簿记官们互相祝贺，然后在麦瑟尔提议下一起去酒馆一醉方休，弥合同行之间的矛盾，增进彼此的友情。

行省和农村

亚特王国建立之初农村归城市管理。比如石桥城周围的12个村都归它管，村长向市长负责，地租交给石桥城，石桥城拿走三成、行省拿走一成后交给王国。

之所以城市留下的租税较多，是因为王国初建，有些城市还是一片荒地，只在王国地图上有个名字，全靠农村养活。经过二三百年，城市规模扩大，人口增加，财富聚集，加上从乡村收上来的粮食和其他农产品，城市日渐富裕。

四百多年前，拜勃王微服私访，在石桥城市长家吃了一餐饭。他惊讶地发现市长家奢华豪贵，光是客厅里阵列的古董珍玩就超过了王宫珍宝馆的收藏。饭吃得也很郁闷，因为席上一半的菜他都叫不出名目。

回宫后拜勃王下令调查这个市长，结果发现他的钱都是合法收入。这时王国终于意识到，城市集中了太多的财富了。

于是拜勃王决定，农村不再向城市缴纳地租，而是直接交到王国，最多在行省中转一次。同时在行政上，村长们直接向省督负责，不必再听命于市长。不过村长通常见不到省督，有什么事情找农事官就是了。

行省驻军

负责保卫博兹弗省的是卡维拉斯伯爵的部队，他们属于王家骑士团。王家骑士团由国王直接指挥，是王国最重要的武装力量。

卡维拉斯伯爵驻扎在石桥城，另有他三个部下的部队驻扎在其他三座城市。

省督和市长均无权向王家骑士团下命令，骑士团也不干预行省或城市事务。骑士团补给的费用由王国担负，物资由所驻扎的城市筹措。

卡维拉斯伯爵的部队是野战部队而非守城军，他们的军营在城外靠近阿格里斯湖。他们经常环湖训练突击、旷野战。

卡维拉斯的部队刚刚结束了在庇护山脉的驻防，来到省城算是修整。伯爵严禁士兵进城，因为城里的繁华会消磨他们的战斗意志。

行省省府

与卡诺萨相比，石桥城要小得多。尤其是外种族侨民，在那里简直就是凤毛麟角。

通往卡诺萨的大道穿城而过，来自大陆各地的商人旅客汇聚于此，单身旅客只需一天就可以到达卡诺萨，行旅商队则需要两天时间。在踏上最后一段路程之前，他们都愿意在这里小作休整。

石桥城有二百多家客栈，他们为往来的客商提供简约舒适的客房，久负盛名的美食，以及无微不至的服务。

服务中最有特色的，就是无论客人是从哪里来的，客栈都有会讲那个地方的俚语乡谈，演奏那个地方的乐曲，唱那个地方山歌小调的"百通"伶人来表演，一慰客人的思乡之情。这些伶人或曾走南闯北或曾拜过高师才学到这一身的本领。

石桥城的市长阿科尔迪安就出身于这种"百通"伶人。和其他城市不同的是，在石桥城，最有影响力的商会不是圣欧斯或者赫尔墨斯，而是"百通"行会。阿科尔迪安担任该行会会长多年，几年前得到石桥城各商会、行会的一致推举，成为石桥城市长。

以上为《四海王典·一个典型的王国行省》之章（续完），赫丽一世补撰于博兹弗省石桥城。

ANCESTRAL LANDS
OF CRONUS

第七章
描绘彩虹的国王之手
—— 四大家族之科洛诺斯家族

这就是我，我的天赋就是如此，我只是不想再憎恨自己，无休止地自我否定。

离开石桥城，我们随一支商队往东偏北走，去探访王国四大家族中的科洛诺斯家族的自治领地。

关于自治领地，我的记录如下：

家族起点

科洛诺斯家族的先祖西蒙德·科洛诺斯是科洛诺斯家族出现的第一位也是唯一一位大魔法师。他从小就拥有非常惊人的魔法天赋，再加上对魔法与生俱来的热爱与执着，使他在43岁的时候成了大魔法师。

在与魔族的战争中，他凭一己之力，守护了整个城镇，其中也包括四海之王阿格里斯的妻儿。为了保护王后王子和城中所有人类的生命，西蒙德召唤了禁忌魔法——圣光彩虹守护罩。这个魔法使用起来，不仅需要魔力，还会燃烧施法者本身的生命力。

当庇护山降临，人类胜利，众人欢呼庆祝之时，却发现西蒙德已经从壮年变成了白发苍苍的老人。

战争结束，西蒙德被封为公爵，并因其卓越的功绩，王室将雷鸣大陆东南方向的森林及其周边的一些平原地区赏赐给他作为家族领地。

一年后，西蒙德衰老而死，他的儿子奥莱多·科洛诺斯继承了爵位。奥莱多并没有遗传父亲的魔法天赋，但却对经商无师自通，他以父亲的名义创办了科洛诺斯魔法物品连锁店，利用自家魔法森林产出的魔植、魔物再加工，为家族赚取了大量的资金。

自治领地

自治领地是国王封给贵族的领地，全亚特王国共96个。领地的土地本身和土地上的人民属于国王，贵族有权管理领地上的人民，向他们征收总收入5%的租税。领地上的人民另外还要向国王交5%的租税，这样和非自治领的农民负担相同。

自治领的大小和土地的好坏取决于贵族爵位的高低。大贵族的领地可以包括1—2座城市和数十个村子，小贵族的领地可能只是1个村。

贵族不允许在领地建立城堡。大贵族的领地由国王派出的远征军负责安全，情况紧急时可以去军营或军事堡垒中避难。中小贵族的领地由省长甚至村长负责。贵族可以招募不超过50人的卫队保护自己和家人，不得组建军队。

贵族每年要在首都居住6个月以上，其余时间可以回领地处理各种事务。我们要去的领地属于科洛诺斯家族，是自治领中比较有代表性的一个。

这一路库麦尔更沉默了。显然，我的这位骑士，有了心事。

我则和商人们闲聊，整理了关于科洛诺斯家族的一批资料。

领地

领地范围

彩虹镇以及彩虹镇南边的森林（其中包括魔力极强的沉睡之林）。

彩虹镇西边的萨尔卡滨市以及围绕着彩虹镇和萨尔卡滨市周边的一些小村镇。

181

🌀 领地建设

西蒙德故去之后，他的儿子奥莱多带着家人、朋友、随从和追随者来到自己家的领地。他发现这是一片荒僻的土地，渺无人烟。

经过几天的考察，他意识到这里之所以无人居住，是因为此地魔物横行，领地南边有一处蜘蛛王后的巢穴，极为危险；西边是无主之地——自然女神之怒，那里不仅有严酷的火山熔岩，还隐藏着各种可怕的魔物，另外，靠海的区域还会遭到人鱼和海妖塞壬[①]的袭击。

在意识到自身安全受到威胁的时候，奥莱多立刻就向当时的国王求救。因为法律规定领主可以向国王求援，要求国王向领地派兵，但却不可以私自组建50人以上的卫队。

国王即刻就回应了奥莱多的要求，派遣军队驻扎在塞壬海岬上。

有了驻军的保护，奥莱多带领众人在距离沉睡之林比较近的平原土地上建立了彩虹庄园。

百年之后，人口越来越兴旺，彩虹庄园渐渐发展成一座小镇。与此同时，这里也成功地建立起家族法师塔。

又经过200年的时间，家族产业越做越好，领地的经济也越来越繁荣，生活在别处的人们开始向这里迁徙、定居，很多小家族也纷纷投效，成为新的追随者，再加上科洛诺斯家族自己本身人口的增加，彩虹小镇也容不下这么多居民。于是，当时的家主和国王共同出资修建了萨尔卡滨市。

之后，围绕着萨尔卡滨市周围，又陆陆续续地开辟了一些可以耕种土地的小村镇。

---

①海妖塞壬：人首鸟身或鸟首人身，经常飞降海中礁石或船舶之上，用自己的歌喉使得过往的水手倾听失神，航船触礁沉没。

彩虹镇

彩虹镇紧靠沉睡之林，最初是由彩虹庄园发展而来，居住在此地的人都属于科洛诺斯家族比较核心的人员。

因为是西蒙德·科洛诺斯使用圣光彩虹魔法拯救城市，家族才获得此领地，所以为了纪念他，这里被起名为彩虹镇，常住人口一万人左右。

小镇附近有数块农田，供应镇内居民吃喝，自给自足。

萨尔卡滨市（又名蓝城）

随着人口的增多，彩虹镇已经拥挤不堪，修建新的城市迫在眉睫。

当时的家主正在修习一个新的法术，这个法术必须采用上古魔语吟唱，复杂的上古魔咒令家主焦头烂额。

这时，国王派来使者，帮助修建城池，家主放下魔咒的修习，与他一起前往平原地区为新城选址。

天有不测风云，路走了一半，就下起了大雨。想回去早已经来不及了，一行人只好拼命往前赶，想找到一个可以遮风避雨的地方。

正当他们一个个被浇得像落汤鸡一样的时候，雨突然停了。

大雨停得如此突然，大家纷纷诧异地望向天空。家主也抬起头，他看到天空被大雨彻底地洗刷过后，蓝得好像一块透明的宝石，清新的空气沁人心脾，家主福至心灵，像是突然开窍一般轻松地念出了那个魔咒。这个魔咒修习了好久也不能掌握，现在终于获得突破，家主极为喜悦，他停在原地，环顾四周，觉得既然有这样的好兆头，不如就在这里建城吧。

于是，新城就选在这个地方修建了，而它的名字就叫作萨尔卡滨城。萨尔卡滨是一句古魔语，翻译过来的意思就是蔚蓝色的天空，因此，后来这座城也称为"蓝城"。

蓝城由科洛诺斯家族和国王共同建造，城里的地产有一半属于科洛诺斯家，他们可以随便居住使用这一半的房产，也可以收租赚钱。

蓝城常驻人口五万。

蓝城建好之后，周边地区也陆续开垦出很多农田，建立数个村子，"慈心药师"娜斯达婷后来居住的向日葵村就在其中。

以上为《四海王典·科洛诺斯家族》之章（待续），赫丽一世补撰于旅途马车中。

人心难测，兽性可循

☀

旧历绿月十九日 晴

今天，我们来到了蓝城。

晴朗的蓝城果然名不虚传，清澈透明的天空上面飘着几朵悠闲的白云，仿佛一幅美丽的油画。

我们走在蓝城最有名的幻兽商业街上，我打算上午在蓝城大概逛逛，中午在这里吃完午饭就直接朝彩虹小镇进发，并不在这里住宿。

仔细看上去，街上的行人其实并不算多，但可能是因为每个人身边都带着一个或几个幻兽，所以整条街显得还蛮拥挤的。

库麦尔看到这种情景，连忙把自己的幻兽梽鬣狮放了出来。平时因为它体格太大长得又凶，怕把别人吓着很少放它出来，这会儿满大街的幻兽，远远看去比它大的竟有好几个。

梽鬣狮刚一出来还有点儿懵，它突然伸着鼻子用力地闻了闻，就飞快地朝一家商行跑了过去。

大家抬头一看，这原来是一个卖幻兽食物的杂货铺。

库麦尔摇摇头追了过去。

果然是最有名的幻兽街，梽鬣狮喜欢吃的食物这里都有，库麦尔每样都买了好多，说是难得品种这么全，多买点让梽鬣狮吃个够。

梽鬣狮开心得直摇尾巴，诗寇蒂见状连忙跑过去拿了一颗肉脯去喂它。诗寇蒂自从见了梽鬣狮就一直想撸它的毛，但无奈这只幻兽太过骄傲，除了库麦尔根本不让别人近身。

梽鬣狮看了嬉皮笑脸的诗寇蒂，又看了看她手里的肉脯，终究还是无法抵挡美食的诱惑，一口咬走肉脯吞了下去。

诗寇蒂趁着梽鬣狮吃东西，赶快伸手去摸它身上的毛，梽鬣狮嘴里嚼着东西没法儿咬她，嫌弃地扭着身子向后躲。

买完吃的，走出杂货铺，诗寇蒂又想去撸梽鬣狮，梽鬣狮这次可不乐意了，嘴里发出低低的嘶吼，冲着诗寇蒂直龇牙。

"我刚还喂你吃东西呢，现在就不认人了？"诗寇蒂不敢再靠前，委屈地噘着嘴。

　　我笑着摇了摇头。诗寇蒂表面看上去冷酷又勇猛，但实际上，到底还是小孩子心性。

　　"等会儿去卖幻兽蛋的铺子，如果有喜欢的，买一个送你。"我安慰道。

　　"真的？太好啦！"诗寇蒂开心得瞪大了眼睛。

　　正说着，一匹白色的骏马从远处跑来，这匹马高大俊逸，通体雪白，没有一根杂毛，最神奇的是随着跑动，它四蹄之下竟然冒出熊熊火光。这匹身材高大的白马，从街头一直跑到我们前面不远的一个店面，速度飞快，身形犹如鬼魅，竟然一个人也没撞到。

　　"哇，这马也太帅了吧！"

　　"这不是马，马的蹄子上能冒火吗？这货定是马形的幻兽。"

　　诗寇蒂和库麦尔边说，边飞快地跟着那匹马跑了过去。

　　"幻兽租赁行。"我随后也跟着走了过去，店面的招牌上这样写着。看来这俩家伙注定要失望了，租赁行的幻兽是不卖的。

　　库麦尔显然也看到了招牌，脸上露出失望的神情。

　　"姐姐，我就要这匹幻兽！"诗寇蒂却完全没有注意到招牌上的字，紧

紧地盯着那匹幻兽,边说边伸手想要摸它。

幻兽和普通动物不一样,他们基本都有自己的性格和想法,虽然有的可能不会说话,但很多幻兽的思考能力并不弱于人类。白马幻兽听她这么说,明显地翻了一个白眼,朝旁边躲了躲。

"哎,别跑啊,让我摸摸。"诗寇蒂完全没看出对方的嫌弃,也跟了过去。

白马有些生气,眼睛里竟冒出熊熊火光。

"小白,不要对小姑娘那么凶嘛!"

我们刚想上去拦住她,耳边却传来一个银铃般的声音。一个长相绝美的短发美女从店铺里面走出来。

"就是,你主人都发话了,你就让我摸摸呗。"诗寇蒂又想往前凑。

"我可不是它的主人,"短发美女笑了起来,"我也是幻兽呢。"

她这句话一说出来,我们三个人立刻都愣住了,虽然生活在繁华的王都,但人形幻兽也是很少见的。

"你也是……幻兽?"

诗寇蒂立刻放弃了那匹白马,朝美女走去,伸出手想摸人家的脸。

还好库麦尔反应快,一把拉住了她,我们俩连拉带劝地把她推出了幻兽租赁行。

"为什么这么快就出来啊?"她不解地望着我们。

"你不会是想买那个女人吧?"库麦尔问。

"对呀,我感觉她一定很厉害。"诗寇蒂点点头。

"那是租赁行,不是卖幻兽的,"库麦尔拍了拍自己的额头,"租赁行里的幻兽很多都是退役幻兽,那些退役幻兽好多大有来头,身上背了无数军功,它们待在那儿要么只打算挣几个零花钱,要么干脆就是觉得好玩帮忙的。你还想买人家?"

诗寇蒂终于放弃了买下那个美女幻兽的想法,但可能是因为看了白马和美女之后,她的眼界变高了,整条街都逛完了,也没有在店铺里挑到适合她的幻兽。于是,我们决定先去吃饭,幻兽的事情以后再说。

路人告诉我们前面十字路口有一座娜斯达婷的雕像,从那儿往右拐,走过一个街口就有一家非常好吃的饭馆。

我们走到雕像附近,一连向右走过了两个路口,却始终没找到一家饭馆。

"我们好像……迷路了。"我们最

终停在一个人烟稀少的小巷里，库麦尔说。

"啊，救命！快救救我！"

就在我们不知朝哪儿走的时候，前边路口跑出来一个小女孩，从身形上看，她比诗宬蒂还矮一点。

"哥哥，有坏人追我，救救我！"她飞快地扫了我们三个一眼，毫不犹豫地选择了库麦尔。

"快抓住她！"

她身后紧跟着四个壮汉，高喊着冲了过来。

这四人身着同样款式的黑衣，袖口上绣着同样的标志。

我皱了皱眉，这情况有点儿不对。库麦尔应该也看出了问题，在小女孩就要把住他胳膊的时候，快速地向后退了退。

小女孩见库麦尔并不救她，愣了一下，这时后面的壮汉已经来到跟前，一把抓住了她的胳膊。没想到小女孩的反应非常灵敏，她仗着自己身形矮小，往下一钻，轻松地躲过另一个冲过来的壮汉。紧接着，先前抓着她手臂的壮汉，忽然哇地大叫一声，放开了她。

因为离得很近，虽然火光一闪而逝，但我还是看见那个壮汉之所以放开手是因为有火烧着了他的手心。与此同时，那小女孩的嘴里好像在小声嘟哝着什么。

看来，她不仅身手好，还会魔法。

"姐姐，救救我吧！"

小女孩一摆脱了壮汉，就又朝我们这边跑来。这次她换了个人求救。只见她一边惊慌失措地尖叫，一边大声地哭了起来。她是一个长得很可爱的小女孩，这样一哭，显得特别可怜无助。

我微微叹了一口气，她这副样子，诗宬蒂肯定不会袖手旁观，恐怕我就是拉也拉不住她。

"别怕，我来了！"

诗宬蒂果然跳了出来，一脚踢翻了追在后面的其中一个壮汉，然后又朝另一名壮汉冲去，一拳打在他的胸口。

库麦尔生怕诗宬蒂有什么闪失，只能出手帮忙。

四个普通人完全不是库麦尔和诗宬蒂的对手，几下子就全部被打倒在地。

"你们这些外乡人最好不要多管闲事！"一个躺在地上的壮汉气愤地怒吼道。

诗宬蒂听他这么说，又想上去揍他，库麦尔却拦住了她。"你们为什么要追她？"他指了指那个小女孩问。

"她……"壮汉刚想说，小女孩突然拿出一个花朵形状的东西，扔在地下，紧接着念了一句魔咒，那东西就噗的一声炸开，立刻就喷出好多浓黑色的烟雾，整个小巷都被笼罩在其中，连人都看不清了。

"后面还有追兵，快跑！别让他们抓住了！"

小女孩大声喊道。

我被黑烟呛得眼泪直流，不住地咳嗽。一只手拽住了我的手臂。

"走，先跑出去，这个烟太呛了，不知道有没有毒。"是库麦尔，我跟随他的脚步一起跑出了小巷。

库麦尔拽着我，诗寇蒂拉着那个小女孩，我们几人不知不觉中又跑回了刚刚路过的雕像那里。眼看着后面并没有人追上来，我们停在那儿，大口地喘着气。

"姐姐，太谢谢你了！如果没有你我可就惨了！"小女孩拉着诗寇蒂的手，惊魂未定地说，"我叫杰西卡，今年12岁，你呢？"

"我、我叫诗寇蒂，今年11岁。"

"原来你比我还小啊？可你长得这么高这么好看，身手还那么好，真是太厉害了！"杰西卡一副既羡慕又崇拜的神情。诗寇蒂在王宫中很少与同龄的孩子玩耍，这会儿被杰西卡这么夸着，竟然有点儿害羞脸红。

杰西卡听说我们要找吃饭的地方，就把我们带到了一家猪肉浓汤做得特别好吃的小店。饭后，听说我们要去彩虹小镇，又主动要求给我们带路，因为她正好也要去那里。

我们是在傍晚时分到达彩虹小镇的，杰西卡和我们一起住在了彩虹旅店。

在旅店里吃过晚饭，杰西卡就拉着诗寇蒂叽叽喳喳地聊了起来。

"原来你想要一只幻兽啊，我跟你说，可千万别买盛城那些店铺里的幻兽蛋，真正好的幻兽都在沉睡之林，需要自己去抓。"杰西卡语重心长地告诉诗寇蒂。

"沉睡之林？"诗寇蒂问，"它在哪里啊？"

"就在彩虹小镇旁边，高得可近呢！"

经过一天的长途跋涉，我感到有些疲倦，不再管她们说什么，早早就回房间睡觉了。

睡得正熟，突然耳边传来急促的

敲门声，我迷迷糊糊地下床打开门。

是库麦尔。

"这么晚，干什么呀？"我揉着眼睛问。

"诗寇蒂跑了。"

"什么？"我一下子就清醒过来。

原来，库麦尔晚上听见杰西卡一直对诗寇蒂讲什么幻兽、沉睡之林，感觉有点儿不对，就留了个心眼儿，一直盯着她们。

果然，入夜之后，两个人就蹑手蹑脚地跑了。

"她们去沉睡之林抓幻兽了？"我问。

"应该是，她们刚走，现在追肯定能追上。"

"好吧，走。"

沉睡之林巡猎场充满了浓雾，夜里的能见度就更低了。好在杰西卡用魔法制作了一个非常亮的光球，悬在头顶照明。即使我们远远地跟在身后，也能清楚地看见她们的位置。

突然，两人不远处的树丛簌簌地抖动，猛地钻出一只比普通熊大一倍的黑熊，这只熊的毛看上去异常尖硬。

"这是铠甲熊幻兽，它的力气非常大，皮毛硬得像铠甲，防御力也高得出奇。"库麦尔向我解释道。

这只幻兽不知道是不是饿了，一钻出来就朝两人扑去，诗寇蒂连忙拉着杰西卡四处躲闪，杰西卡也使出了自己的魔法攻向铠甲熊，但是在绝对力量面前，两个小女孩的回击就显得太弱了。库麦尔正想出手，突然一道闪电划过，叭的一下劈在铠甲熊的头上，铠甲熊晃晃悠悠地倒了下去。

诗寇蒂抬头，发现空中飘着一只像猫咪一样大小、长着翅膀的金色"小老虎"。

"小老虎"似乎使用魔力过度，连扇动翅膀的力气都没有了，啪的一声就掉了下来。

诗寇蒂连忙伸手接着住了它。这时，她也发现了我和库麦尔，神情显得有些不自然，张着嘴不知道要说什么。

"先出去，不知道这里是不是还有别的幻兽，有什么事儿待会儿再说。"库麦尔说。

"杰西卡呢？"我问。

这时，大家才发现杰西卡跳进旁边的草丛，始终没有出来。

"没事儿，她的魔法照明球还在，说明她没有受伤并且离这里不远。"库麦尔说。

果然，如库麦尔所说，我们很快就在另一个草丛边找到了她。

杰西卡见我们过来，神色略有些慌张，右手下意识地藏到了身后。

库麦尔并没有理会她的古怪，带着大家匆忙地离开了沉睡之林巡猎场。

"哎呀，我、我不小心把它也带出来了！"出了沉睡之林，诗寇蒂才意识到自己手里还抱着那只"小老虎"。

"这可怎么办呀？"她不知所措地问我们。

我看着她那着急的样子，心里暗自好笑。

"你不是想要只幻兽吗？这只怎么样？会飞，会魔法，还能瞬发闪电。"

"你是说，它是我的了？"诗寇蒂高兴得差点跳起来。

"那个，天太晚了，我、我就先走了。"杰西卡急匆匆地和我们告别，像是逃跑一样飞快地走了。

"她怎么了？怎么怪怪的。"即使像诗寇蒂这么迟钝的人也终于看出不对了。

"大概她怕我们发现她手里的幻兽蛋。"库麦尔说。

"幻兽蛋？她什么时候找到的？"

"你和熊打架的时候。……她应该之前就发现了这颗蛋，但无奈附近的铠甲熊太凶，她打不过，所以便怂恿你去那里吸引铠甲熊的注意力。"

"你是说她、她利用我？"诗寇蒂不敢置信地问。

"你还记得追她的那些人吗？"虽然有些心疼，但我认为还是应该让她了解真相。"他们身着统一服装，每人的袖口都有一个标志，那个标志代表的应该是蓝城巡逻队。我和库麦尔猜，她当时应该是偷了别人的东西被巡逻队发现了。"

诗寇蒂待在那里想了想，终于明白了真相，气得眼睛都红了。"陛下，我是不是很笨呀？"她问我。

"傻妹妹，你不是也得到了这只'小老虎'吗？不然，怎么会放走她？"

诗寇蒂看看手里还在睡觉的金色"小老虎"，眼中的红色终于褪去，露出了笑脸。

我们在蓝城修整了几天。我了解了更多科洛诺斯家族的情况，一并记录了下来。

圣光法师塔

在初代大魔法师西蒙德故去之后，科洛诺斯家族就希望族内子弟能再出一位大魔法师。彩虹镇成立不久后，家族就修建了圣光法师塔。它一方面让现有的法师有地方更专注地研习各种魔法，另一方面，为孩子们创造了一个好的魔法学习环境。

为了能够得到更多魔力的滋养，圣光法师塔建在沉睡之林旁边。法师塔一共有五层，从外表看建筑占地面积并不大，但其内部空间因为施加了法术的关系却非常宽广。

第一层提供给年幼的孩子上入门课。第二层则分配给已经有一些基础的魔法学徒们。第三层是普通法师修习的地方。第四层只有高级魔法师才可以进入。第五层是魔法图书馆，藏书众多，设有很严格的等级限制，等级低的人无法进馆阅读。

整座法师塔防卫森严，几乎所有的角落都设置了陷阱和幻境，外人根本走不进去。第五层图书馆的防卫更是固若金汤，即便是一个满编骑士团入侵这里，恐怕也无法攻克。

沉睡之林

沉睡之林位于家族领地的普通森林之中，它的土地蕴藏着巨大的魔力，因此只有这片森林才能生长出对魔法有用的魔植，而这些魔植又喂养出许多不同种类的魔法生物。这些生物有的温和，有的异常凶猛。为了安全起见，科洛诺斯家族的魔法师合力将沉睡之林进行了魔法封印，无论人也好，魔法生物也好，没有相应的口诀是无法自由进出的。

在我登基后，这里发展成为沉睡之林巡猎场。巡猎场里放养了很多爱德博士培养的转生幻兽，有一些适合放置在森林里孵化的幻兽蛋也被放进了巡猎场。

当幻兽节来到的时候，年轻的勇士就会纷纷涌入沉睡之林巡猎场，寻找自己的幻兽。

圣歌神殿

圣歌神殿是位于沉睡之林深处的古老圣殿废墟。第一创世纪时为恶神腓西斯神殿（居所），后不知何故被遗弃毁坏，埋藏于乱石之下。第三创世纪早期发生灭世之爆，大地摇动，腓西斯神殿废墟重现。教廷为此深感不安，在废墟上重建神殿。神殿在建造时采用多重拱顶结构，人站立其中歌唱，回声阵阵，如在神山圣境，因此，它获得了"圣歌神殿"的称誉。神殿建成后，教廷委派忠诚的阿拉玛率领他的骑士们在此处看守。但最终阿拉玛背弃神殿，圣歌神殿也毁于一旦，如今遗址残存着巨大的石柱与宽阔的地基。据说遗迹深处有一扇石质大门，上面布满符文。如果能够破解符文，就可以进入阿拉玛所在的卡利亚堡。

因为担心这座古老的神殿遗址隐藏着巨大危险，科洛诺斯家族的法师用魔法阵将其封印，普通人就算意外走近，也根本看不到它的存在。

以上为《四海王典·科洛诺斯家族》之章（待续），赫丽一世补撰于蓝城。

我们在蓝城的几天打听了一下科洛诺斯家主莫罗茵，他的口碑还不错。不过在蓝城乃至整个科洛诺斯家族的领地，最受尊敬的却是两位已经故去的人物。

家族英雄人物

"慈心药师"娜斯达婷

本来可以用美貌征服整个世界，她却用自己的才情和慈悲温暖治愈了所有人。

这是当时的国王给予娜斯达婷的评价。

娜斯达婷是科洛诺斯家族第十代家主的长女，从小就出落得十分美丽，成年后更是柔美娇艳，就像刚刚绽放的玫瑰花一般。当时还是王子的米洛克国王，深深地迷恋上她，有段时间几乎常住科洛诺斯家的庄园。

但是娜斯达婷却有青梅竹马的恋人杰克，杰克是科洛诺斯家族追随者的子孙，甚至连爵位都没有。

米洛克苦苦追求娜斯达婷不成恼羞成怒，后来登上王位，直接命人送给她一只装在笼子里的珍贵的夜莺幻兽，并留下话：这么珍贵的鸟儿还是待在笼子里比较安全。

娜斯达婷回应道：也许它不是可以展翅高飞的雄鹰，但即使作为一只普通的鸟儿，它也有向往自由飞翔的权利，如果有人剪断了它的翅膀把禁锢在贵重的鸟笼里，那么它将变成一只毫无生气的死鸟。

说完她打开鸟笼，放飞了那只幻兽。

不知道是不是对她仍有情意，这个举动并没有引来国王的震怒，却吓坏了整个家族，家主以断绝父女关系来威胁她放弃自己的恋人。娜斯达婷断然拒绝了父亲的要求，离开家族，嫁给杰克，来到蓝城边上一个偏僻的小村定居。

这个村子由于种满了向日葵，而得名向日葵村。

小村的生活虽然简朴清贫，但二人却极为快乐。两个人之所以能成为夫妻，是因为有着共同的理想——绘画。两人都自幼热爱绘画，又一起研制魔药，开发出能画出具有魔法光影效果的颜料。这种颜料配上精湛的画技，他们的画作展示出了美妙绝伦的光影效果，在不同的时间和角度观看画作会发现不同的颜色和光影。

传说几年以后，已娶妻生子的国王有一次看到了杰克为娜斯达婷画的肖像之后，私下对身边人说，从这幅画来看，我确实不如杰克深情。

从此，杰克和娜斯达婷的画就进入了贵族们的视线，那些贵族纷纷以拥有这对夫妻画的肖像为荣，他们甚至给这些画起了一个名字，叫魔法光影画。当时和后世的很多画家也开始模仿这种画法，开创了亚特王国美术史上的魔法光影学派。

如果生活一直如此继续下去，娜斯达婷虽然无法成为英雄人物，但会拥有非常幸福的一生。然而世事无常，噩运突如其来地降临，整个亚特王国大规模地爆发了瘟疫，杰克和他们的两个孩子全都在这场瘟疫中失去了生命。

魔法师们研制出非常厉害的可以治愈瘟疫的魔法，但施用魔法的卷轴造价非常昂贵，只有达官显贵和有钱人才买得起，底层的市民和农民不断地死去。本来悲痛欲绝、丧失了生机的娜斯达婷看到身边的人们包括那些活泼可爱的小孩子，一个接一个地在眼前死去，高贵而悲天悯人的心灵使得她不再颓丧，凭借着多年对魔药的研究和优秀的魔法天赋，她终于找到了价格低廉又可以治愈瘟疫的配方。

就这样，娜斯达婷成为拯救全国、结束瘟疫的英雄，国王想要封赐嘉奖，家族想接她回去，但都被娜斯达婷拒绝了。

她请求国王给行省和贵族领地建立魔药学学校，从魔法师学徒中招收志愿者进行专门培训，让他们在学成之后深入乡村，这样就再也不会有孩子因为普通的感冒拖延治疗而失去生命。

这个请求得到许多出身底层的魔法学徒的响应。农民们得到了可靠而便宜的医疗服务，健康状况得到极大改善。而娜斯达婷走遍亚特王国的乡村，教授这些魔法学徒提高魔药的制作和使用技艺。这些魔法学徒渐渐演变成专门服务于乡村的魔药医生。

如果说娜斯达婷的前半生是亚特王国上流社会和艺术界的璀璨明珠，那么她的后半生就是普通市民和农民们的守护神。

娜斯达婷在后半生一直在各个乡村之中游走教学，把她研制的魔药制作方法传授给魔药医生们。

在她因病而弥留之际，大批学生赶来，围着她失声痛哭，她却笑着说："你们都是我的孩子，那些因你们而被治愈的人也都是我的孩子。"

娜斯达婷死后一年，人们为她建立了纪念雕像，并在上面写道：爱与美的女神，用自己的苦难拯救了整个世界的守护神——娜斯达婷。

家族产业

从科洛诺斯家族第二代家主奥莱多以父亲的名义创办了科洛诺斯魔法用品连锁店起,家族就一直延续着这些产业。

在这个过程中,娜达斯婷又开创了魔药学,因此科洛诺斯家又多了一项销售魔药的产业。

在家族发展最鼎盛的时期,科洛诺斯家几乎垄断了魔法周边产品所有的买卖。但随着时间的流逝,几十代人之中,家族里竟然再也没有培养出大魔法师。与此同时,大魔法师崔尔登横空出世。岁月更迭,当初西蒙德的功绩早就被人们遗忘,围绕着崔尔登开始出现更多年轻有能力、会制作魔法物品出售的大小法师。随着魔植、魔物饲养技术逐渐成熟,魔法森林的供货优势也体现不出来了,家族产业渐渐走向衰败。

这时,醉心研究幻兽的爱德,给家主莫罗茵带来了灵感,他一手促成了科洛诺斯研究所的成立,并把自家的魔法森林改造成了沉睡之林巡猎场,人们可以在幻兽节来此寻找幻兽。

从此,科洛洛德研究所声名大噪,顶着这个标签,家族成立了各种培训班,还开设了售卖提供各种类幻兽食物、衣物、训练设施等周边产品的连锁店,赚了个盆满钵满。

这一次转型成功,使得家族的产业再次繁荣。由于珍稀的转生幻兽谁都想要,因此与其他家族势力的关系也越来越好。

核心利益

科洛诺斯家族与四大家族基本上都是友好关系,与每家都保持着联姻,私下最为交好的是纳邦德尔家族。纳帮德尔的家族产业是海上贸易,和科洛诺斯背地里相互勾结走私幻兽,赚取巨额的利润。

科洛诺斯家族是忠于王国的,他们是主战派,主要是自己的领地离失落的高地比较近,经常会被游荡的魔族骚扰,因此非常憎恶他们。另外,大魔法师崔尔登主和,所以与他不和的科洛诺斯家族就一力主战了。

在崔尔登成名之前，科洛诺斯家族就曾经用利益拉拢他，但却被严词拒绝。他成名之后，人们都围绕在他身边，科洛诺斯家遭到无情的奚落和轻视，生意也一落千丈，再加上爱德研究幻兽时曾受到学院那边的排挤，而排挤爱德的主力正是崔尔登的学生，因此科洛诺斯家族视崔尔登为仇敌。

追随者

由于在家族经济衰退的时期，很多附庸或是跟随讨好的小家族都倒向了别的势力，因此所剩的跟随者并不多，但全都是忠心耿耿的。当家族因幻兽生意重新繁荣起来，家主莫罗茵对新加入的追随者挑选非常严厉，因此至今为止，追随者的数量仍然不是特别多。

其中有尤利·弗拉蒙子爵、爱多·塔尔子爵、西多尔·法拉斯男爵、拉法瑞拉·弗拉蒂男爵。

家族徽章、口号

闪光的银币状徽章上印有彩虹的图案，用来纪念当初第一代侯爵用圣光彩虹魔法拯救了整个城镇。

颜色代表：银色或七彩。

家族正式的口号：圣光彩虹会庇护我们所有人的灵魂。

这是一句从初代就流传下来的口号，但是在家族发展到后期的时候，曾经有一位颇有魔法天赋的家主在自己身上砸了许多资源，几乎就要晋级成为大魔法师，但最后他还是只差一步就病逝了。临死之前这位心有不甘的家主死不瞑目、声嘶力竭地朝自己的子孙喊道："一定要成为大魔法师啊！"

从此以后，这句口号就成为家族内部私下流传的口号：

一定要成为大魔法师啊！

以上为《四海王典·科洛诺斯家族》之章（续完），赫丽一世补撰于蓝城。

未完的旅程

旧历绿月二十一日 多云

休整了两日，我们重新踏上旅途。

诗寇蒂兴高采烈，整天和她的"小老虎"粘在一起。初次获得幻兽的人都会这样吧，更何况她其实还是个孩子。

库麦尔表面上看不出什么。他像往常一样走在前面，有时会去探查前路，告诉我们需要涉水或是登山。但我心里有数，他一时一刻也没忘记某个人，某个曾女扮男装，曾对他颐指气使，也曾用神秘的药膏救了他的命的人，那个他依据古老的骑士传统，答应要为她做三件事的人。

但是事已至此，我们也无可奈何。长旅漫漫，将来是否还有机会与斯蒂芬妮重逢，全由捉摸不定的命运来安排了。

已是傍晚，霞光映照的晚霞铺满了天空。我们将离开亚特王国直接管理的地区，进入王国分封的阿育图公国。离开王宫后我见识了很多，但我深知这只是世界的一角。在阿育图，在我即将拜访的那些公国，在整个亚特大陆，我还会经历什么、遭遇什么呢？就让这本笔记来回答吧。

图书在版编目（CIP）数据

亚特传说：女王笔记 / 云飞，苏梨叶，张卓编著
. -- 杭州：西泠印社出版社，2024.4
ISBN 978-7-5508-4487-2

Ⅰ. ①亚… Ⅱ. ①云… ②苏… ③张… Ⅲ. ①网络游戏—介绍—中国 Ⅳ. ①G898.3

中国国家版本馆CIP数据核字(2024)第086760号

亚特传说：女王笔记

云飞　苏梨叶　张卓　编著

责任编辑	陶铁其　许晓帆
责任出版	冯斌强
责任校对	徐　岫
装帧设计	陈微微　李笑冰
出版发行	西泠印社出版社

（杭州市西湖文化广场32号5楼　邮政编码　310014）

经　销	全国新华书店
制　版	李笑冰
印　刷	浙江中恒世纪印务有限公司
开　本	787mm×1092mm　1/16
字　数	250千
印　张	14.25
印　数	1000
书　号	ISBN 978-7-5508-4487-2
版　次	2024年4月第1版　第1次印刷
定　价	198.00元

版权所有　翻印必究　印制差错　负责调换
西泠印社出版社发行部联系方式：（0571）87243079